정신분석 아카데미 시리즈 7

자폐적 대상에 대한
정신분석적 연구

이경숙 지음

정신분석 아카데미 시리즈 7

정신분석 아카데미 시리즈는 정신분석학 분야의 우수한 논문들을 단행본으로 출간함으로써 한국의 정신분석학의 발전에 기여하는 것을 목적으로 하고 있으며, 이 시리즈의 책들의 판매에서 발생하는 수익금은 전액 한신대학교 정신분석대학원 장학기금으로 사용되고 있습니다. 이 시리즈에 포함될 논문은 한신대학교 정신분석대학원 논문심사위원회에서 선정합니다.

목 차

Ⅰ. 서론

1. 연구의 필요성 및 목적 … 7
2. 연구 방법 … 12
3. 연구 문제 … 13
4. 용어 정의 … 14
   - 존재의 연속성 Continuity of being … 14
   - 향성 Tropism … 16

Ⅱ. 문헌연구 … 18

1. 자폐적 대상의 특징 … 19
   - 자폐적 대상이란 무엇인가 ... 19
   - 자폐적 대상의 특징 ... 21
2. 자폐적 대상의 형성 … 28
   - 젖꼭지-입에서의 외상 ... 31
   - 피부에서의 외상 ... 36
   - 자폐적 대상과 이차적 피부 형성 ... 43
   - 자폐적 대상과의 점착성 동등시 ... 47
   - 자폐적 대상과의 관계 양태 ... 51

주관적 대상 · 중간대상 · 혼동된 대상 대 자폐적 대상 ... 54

(1) 주관적 대상 대 자폐적 대상 … 54

(2) 중간대상 대 자폐적 대상 … 56

(3) 혼동된 대상 대 자폐적 대상 … 59

3. 자폐적 대상의 의미와 역할 … 61

4. 자폐적 대상에 대한 치료적 관점 … 66

Ⅲ. 사례연구

1. 자폐증자의 자서전에서 나타난 자폐적 대상의 예
: 『나는 그림으로 생각한다』의 템플 그랜딘 … 66

2. 임상사례 1 … 78

자폐적 대상인 상자를 통한 이차적 피부형성,
그리고 연결에 대한 소망 … 80

새로운 탄생 … 86

다시 돌아온 외상의 흔적 … 93

3. 임상사례 2

자폐적 대상: 버스와 기차 … 99

자폐적 대상에서 살아있는 대상과의 관계로 나아가기 … 103

Ⅳ. 논의 … 78

1. 자폐적 대상이라는 명칭에 대하여 … 116
2. 자폐적 대상의 양가성 … 118
3. 자폐적 대상의 또 다른 기능 … 124
4. 자폐적 대상에 대한 또 다른 시선 … 129

5 자폐적 대상의 진단으로서의 활용 가능성 … 131

6. 치료의 중단이 자폐 아동에게 미치는 영향 … 132

Ⅴ. 결론 및 제언 … 134

주 (NOTE) … 140

참고 문헌 … 145

Ⅰ. 서론

1. 연구의 필요성 및 목적

오늘날 자폐 아동의 수는 점차 증가하는 추세에 있다. 2016년 4월 2일 세계 자폐인의 날을 맞아 건강보험심사평가원이 제출한 자료에 따르면 우리나라 소아기 자폐인 환자수가 2010년 4천845명이었던 것이 2014년 7천37명으로 4년 사이에 약 1.5배 증가한 것으로 나타났다. 이는 2003년 1천607명과 비교해 본다면 10년 사이에 4.5배 증가한 수치이다.[1] 이 수치는 DSM-Ⅳ의 진단 기준이 적용된 수치로 자폐스펙트럼으로 진단의 기준이 바뀐 DSM-Ⅴ를 적용한다면 자폐 아동의 수는 더욱 증가할 것으로 추측된다. 또한 2011년 예일대 의대 김영신 교수팀이 국내 한 지역의 만 7세에서 만 12세 아동 5만 5천266명을 질문지와 면접을 통한 전수 조사에서 한국 아동의 자폐증(ASD) 유병률이 아동 약 38명당 한 명 꼴인 2.64%로 조사됐다고 의학 학술지 '미국 소아과 저널'을 통해 밝혔다.[2] 이러한 한국의 아동 자폐증 유병률은 미국이나 유럽의 1%의 두 배를 훨씬 웃도는 수치다.[3] 비단 우리나라뿐만 아니라 전 세계적으로 자폐증으로 진단되는 환자의 수가 증가하고 있는 것으로 보이는데, 표1에서 보는 바와 같이 1990년대에 증가하기 시작해 2000년대에 들어 급격한 증가율을 보이고 있다(표 1참조).[4]

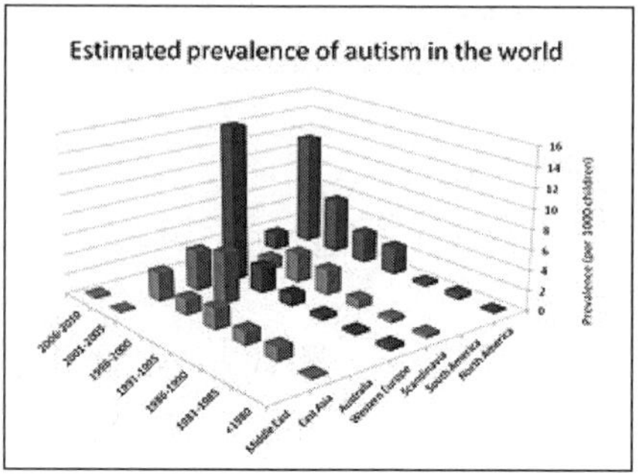

〈표 1〉

이러한 증가에 대한 요인 중의 하나로 진단 체계의 변화와 자폐증에 대한 진단의 증가를 가정하고 있다.[5] 그러나 이러한 증가율은 유의미하게 지켜봐야 하는 것으로 자폐증에 대한 원인과 치료법에 대한 연구의 중요성을 증대시키고 있다. 따라서 자폐증에 대한 발명 원인으로 여러 가지 가설들이 세워지고 연구되고 있으며 이에 따라 치료법도 다양해지고 있다.

임상현장에서 자폐 아동을 만나며 아이들이 가지고 있는 다양한 증상들을 보게 된다. 어떤 아이는 말을 하지 않고, 어떤 아이는 눈을 마주치지 않으며, 어떤 아이는 똑같은 행동을 반복하기도 한다. 자폐증으로 진단을 받은 대부분의 아이들이 이러한 공통적인 증상을 가지고 있는 것을 보게 된다. 증상의 깊이와 종류가 조금씩 다를 뿐 이러한 증상들을 관통하는 것은 사회적 상호작용의 어려움이라는 공통점이다.

자폐 아동들에게 이러한 상호작용의 어려움과 함께 관찰되는 현상은 아이들이 집착하는 것으로 보이는 대상이 있다는 것이다. 아동들 마다 집착하는 대상은 다르게 나타나는데 연구자의 관찰에 의하면 기차, 자동차, 상자, 철사와 같이 구체적 대상이 있는 경우도 있고, 구체적 대상이 없이 행동이나 절차를 반복하기도 하며, 특정한 감각에 집착하기도 한다.

이렇게 자폐 아동들 각자가 자신에게 독특한 방식으로 특정한 대상을 강박적으로 사용하는 것을 프랜시스 터스틴(Frances Tustin)은 자폐적 대상이라고 불렀으며, 이것은 자폐 아동에게 자신의 신체의 일부로 여겨지며 불안에 대한 방어물로써 진정 작용을 한다(Tustin, 1980, p. 29). 이러한 자폐적 대상에게서 자폐 아동들이 취하고자 하는 것은 주로 감각이라고 말한다(Tustin, 1980, p. 27).

이러한 자폐적 대상을 자폐 아동에게서 억지로 제거하려 할 시 자폐 아동들이 혼란에 빠지거나 극심한 불안에 빠지는 것을 보게 된다. 마치 자신의 존재에 어떤 큰 충격이 가해진 것 같은 모습을 보이면서 매우 혼란스러운 모습과 함께 상동행동을 보이거나 소리를 지르는 경우도 있다. 그러나 자폐적 대상이 다시 주어지면 불안이 잦아드는 것을 볼 수 있다. 연구자는 한 자폐 아동이 지르던 소리를 잊지 못한다. 아주 고통스럽게 느껴지는 소리였는데 그 소리는 대상이 없이 지르는 소리가 아닌 누군가를 향해 자신의 두려움과 고통을 표현하는 것으로 느껴졌다. 이것은 연구자로 하여금 자폐 아동들이 과연 사회적 상호작용을 거부하는 것일까 하는 의문을 갖게 했다. 그 외침이 대상을 향한 외침이었다고 가정한다면, 평소에 나타나지 않았던 사회적 상호작용이 아주 절박한 상황에서 나타났다고 생각할 수 있다.

그렇다면 여기서 두 가지 질문을 제기해 볼 수 있다. 첫 번째로 제기할 수 있는 질문은 절박한 상황이란 무엇인가이다. 이에 대해 프랜시스 터스틴은 자폐적 대상은 자폐 아동들이 자신의 존재를 블랙홀에 빠지지 않게 해주는 대상이라고 말하고 있다 (Tustin, 2001, p. 127). 즉 자신의 존재가 해체되거나 사라질 것 같은 극심한 불안이 자폐적 대상에 대한 요구를 발생시킨다는 것이다. 그러므로 자폐증을 가진 주체에게 자폐적 대상은 자신의 존재를 유지할 수 있는 중요한 대상이며 신체의 일부이기도 한 것이다. 따라서 자폐 아동에게서 자폐적 대상을 제거하면 아동은 자신의 신체의 일부를 잃어버리는 것이 되어 존재 자체가 위협을 받게 되고 이는 자폐 아동을 극심한 불안에 빠뜨린다고 추측할 수 있다. 그 결과 자폐 아동은 불안을 방어하기 위한 증상을 일으킬 수밖에 없게 된다.

두 번째 자폐적 대상은 사회적 상호작용을 가로막은 대상인가 하는 것이다. 자폐아동이 자폐적 대상에 집착해서 다른 대상에 관심을 돌리지 못하는 모습은 상호작용을 하지 못하는 것의 원인으로 보이기도 한다. 따라서 인간이 타자와의 상호작용을 통해 성장하는 것을 생각해 볼 때 그것을 가로막는 자폐적 대상은 제거해야 될 것으로 생각되며, 그것을 제거하면 타자와의 관계가 시작되지 않을까 하는 기대를 하게 된다. 그러나 임상현장에서 연구자가 관찰한 바로는 자폐적 대상을 제거한다고 해서 타자와의 관계가 성립되거나 발달이 촉진되지는 않는다는 것이다. 오히려 불안이 증가해서 자폐적 상황으로 더 깊이 철수하거나, 다른 증상들을 불러오는 것을 볼 수 있었다. 반대로 자폐적 대상을 존중하면서 접근했을 때 치료사와의 관계가 성립되거나 발달이 촉진되는 것을 볼 수 있었으며, 자폐적 대상이 점차 다른 것으로 변하거나 약화되는 것을 볼 수 있었다. 여기서 자폐적 대상이 하는 역할이 무엇인지 추측해 볼 수 있을 것이며 치료적으로 어떻게 쓰일 수 있는지를 발전적으로 검토해 볼 수 있을 것이다.

이렇게 자폐적 대상이 잘 제거되지 않는다는 것과 강제로 제거할 경우 증상을 더 심화시킬 수도 있다는 경험에서, 오늘날 자폐증에 대한 여러 치료 분야에서 자폐적 대상을 이용하고 있다. 예를 들어 언어 치료 분야에서는 자폐적 대상을 이용해 언어발달을 유도하고, 인지 치료 분야에서는 자폐적 대상을 이용해 숫자를 가르치기도 하며 교육을 하기도 한다. 또 부적응 행동을 감소하는 것에도 이용되기도 한다. 이러한 치료적 접근은 일정 정도의 성과를 내기도 한다. 그러나 이것은 교육적 차원에서 접근하는 것으로 주로 문제행동과 부적응 행동을 감소시키고자 하는 방향에서 진행되는 것으로 보인다. 교육적 차원의 접근 또한 자폐 아동의 성장에 중요한 요소이며 사회의 구성원으로 살아가는 데 꼭 필요한 부분이다. 그러나 교육적 차원의 접근은 자폐적 대상을 부적응 행동으로 보거나, 이를 이용해 다른 발달을 유도하기 위한 수단으로 사용할 뿐 자폐적 대상이 자폐증을 가진 주체에게 어떤 의미를 가지고 있는지에 대한 논의는 없는 것으로 생각된다.

이에 연구자는 자폐적 대상을 부적응 행동이나 교육적 수단이 아닌 자폐증 구조를 가진 주체의 고유한 심리적 구조에서 필연적으로 요구되는 것으로 보는 정신분석적 시각으로 접근하고자 한다. 이는 인간이 타자와의 관계를 통해 성장하고 발달해나가는 존재로 볼 때, 자폐증자가 타자와의 관계를 거부한다는 시각에서 벗어나는 것이며, 자폐적 대상이 가지는 함의가 이것이라고 가정한다. 따라서 연구자는 자폐적 대상을 타자와의 관계로 나아가는 매개물로 보며, 더불어 자폐적 대상을 통해 주체가 사회에서 자신의 자리를 찾는 토대로써 쓰일 수 있는 가능성으로 보고자 한다. 본 연구는 이러한 관점에서 자폐증자에게 자폐적 대상이 가지는 의미와 그것이 치료에서 어떻게 다루어질 수 있는지를 연구하고자 한다.

이 연구가 임상에서 마주했던 자폐 아동의 절박한 외침에 대한 응답이 되길 바라며, 점차로 증가하는 자폐증에 대한 치료에서 자폐적 대상에 대한 새로운 시각을 제공하기를 바란다.

2. 연구 방법

본 연구는 문헌연구와 사례 연구를 중심으로 한다. 문헌 연구는 프랜시스 터스틴의 자폐적 대상에 대한 문헌을 중심으로 하여 에스더 빅(Esther Bick)의 『초기 대상관계에서 피부 경험』에 대한 글과 디디에 앙지외(Didier Anzieu)의 『피부자아』, 그리고 미트라니(Judith L. Mitrani)의 "점착성 유사 대상관계"에 대한 글을 참고한다. 또한 위니캇(D. W. Winnicott)의 중간대상, 주관적 대상에 대한 문헌을 참고한다.

사례 연구는 자폐증자의 자서전과 두 개의 임상사례를 연구하고자 한다. 자서전 연구는 자폐증자인 템플 그랜딘의 자서전 『나는 그림으로 생각한다』를 분석하며, 임상사례는 연구자의 임상에서 관찰된 두 사례를 연구하고자 한다. 사례 연구는 모두 자폐적 대상에 대한 부분으로 한정한다. 또한 자폐적 대상의 형성 요인은 심리적 요인에 관한 것으로 한정한다.

3. 연구문제

첫째, 자폐적 대상은 어떻게 형성되는가?
둘째, 자폐적 구조를 가진 주체에게 자폐적 대상은 어떤 의미를 지니며 어떠한 기능을 하는가?
셋째, 자폐적 대상은 치료에서 어떻게 활용될 수 있으며, 사회 안에서 자신의 자리를 찾는 데 어떻게 쓰일 수 있는가?

4. 용어 정의

존재의 연속성 Continuity of being

위니캇이 초기 유아 발달에 관해 논의할 때 자주 등장하는 용어로 존재의 연속성에 대해 다음과 같이 말한다.

> "살아있는 유아의 신체 및 모든 정신 과정들은 존재의 연속성을 구성하며, 이 존재의 연속성은 일종의 실존을 위한 청사진이라고 할 수 있다. 일정 기간 동안 이런 자연스런 일에 헌신할 수 있는 어머니는 유아의 존재의 연속성을 보호할 수 있다. 침범이나 적응의 실패는 유아의 반동을 불러일으키며 그 반동은 존재의 연속성을 깨뜨린다. 만일 유아의 삶의 양태가 침범에 대한 반동으로 이루어진다면, 그 때는 과거와 현재 그리고 미래의 자기를 계속 유지할 수 있는 통합된 단위를 지향하는, 유아에게 존재하는 자연스런 경향이 심각하게 방해받게 된다. 침범에 대한 반동이 거의 없을 때 유아의 신체 기능은 신체 자아를 발달시킬 수 있는 좋은 기초를 제공한다. 이와 같이 미래의 정신 건강을 위한 기초가 놓이게 된다." (Winnicott, 2000, p. 123)

또한 인간의 초기 발달에서 건강은 존재의 연속성을 바탕으로 한다고 말한다(Winnicott, 2011, p. 476). 건강한 발달을 위해 절대적으로 필요한 것은 유아의 욕구에 적극적으로 적응해 주는 완벽한 환경이다. 이러한 완벽한 환경은 유아가 출생한 후 몇 주간의 기간에 어머니가 아기를 아주 헌신적으로 보살피는 일차적 모성 몰두 기간에 이루어지는 모성적 돌봄을 말한다(Winnicott, 2000, p. 122). 이 일차적 모성몰두 기간에 유아는 어머니가 제공하는 돌봄, 특히 안아주기를 통해 존재의 연속성을 확립하기 시작한다(Winnicott, 2000, p. 73). 이 시기의 유아의 상태를 절대적 의존이라고 말하며, 이 절대적 의존 시기에 유아에게 있어 어머니의 돌봄은 신체적 심리적 삶을 가능하게 하는 조건이라고 할 수 있다. 이러한 모성적 돌봄을 통해 유아는 개인으로 존재하기 시작하며, 존재의 연속성을 확립하게 된다(Winnicott, 2000, p. 77).

그러나 모성적 돌봄이 충분히 좋지 않다면 이것은 유아에게 침범으로 느껴지고 이로 인해 반동이 생기며 그 결과 유아의 존재의 연속성이 깨진다(Winnicott, 2000, p. 73). 이러한 존재의 연속성의 깨짐은 자기멸절의 불안을 일으키며 유아로 하여금 존재와 자기멸절 중의 하나를 선택할 수밖에 없게 만든다(Winnicott, 2000, p. 68). 그러므로 안아주기와 의존단계의 시기에서 모성적 돌봄의 실패는 심각한 장애를 가져올 수 있는데 위니캇은 유아정신증과 자폐증이 이 단계에서의 실패로 인한 것이라고 본다(Winnicott, 2000, p. 82). 즉 모성적 돌봄의 실패는 존재의 연속성을 파괴하는 반동을 불러오며 이것이 지속적으로 반복되면 존재의 파편화 유형을 형성하는데 그 결과 유아는 삶은 초기부터 정신병리의 경향성을 띠게 된다(Winnicott, 2000, p. 86).

따라서 위니캇의 견해에 따르면 완벽한 환경으로서의 모성적 몰두 기간과 주체가 어머니의 한 부분처럼 보이는 절대적 의존 기간에 안아주기를 통한 존재의 연속성 확립은 인간의 초기 발달에 매우 중요하며, 이후의 발달 과정을 건강하게 성취하게 하는 전제 조건이라고 할 수 있다.

향성 Tropism

향성의 사전적 의미는 “고착 생활을 하는 동물의 어떤 부분이 외부의 자극에 일정한 방향으로 움직이는 성질을 말하며 자극의 방향으로 향하는 경우를 양(陽), 반대인 경우를 음(陰)이라고 한다. 식물의 경우는 굴성(屈性)이라고 하며, 특히 양의 굴성을 이른다.”[6]이다.

비온은 그의 저서 『숙고』에서 향성에 대해 다음과 같이 설명한다.

> “향성은 모든 정신적 삶의 원천이 되는 모체로, 성숙이 가능해지기 위해서는 향성은 공허에서 구출되어야 하고 의사소통 될 필요성이 있다... 향성은 탐색을 통해 투사할 수 있는 대상인 젖가슴을 찾는데, 이러한 젖가슴이 실재하느냐에 따라 이후 인격의 모든 발달이 결정된다... 유아가 의사소통으로 사용하는 울음, 촉각, 시각적 감각들은 의사소통뿐만 아니라 향성을 통제하는데도 사용된다. 순조로울 경우 의사소

> 통은 투사적 동일시를 사용해서 향성이 젖가슴 안에 침착되도록 이끈다... 이것이 실패하면 의사소통의 매개체, 현실과의 접촉, 내가 말한 온갖 종류의 연결고리들이 심각한 운명에 처하게 된다... 이것은 특히 정신과 대상 모두에 의해 거절된 채, 궁극적으로 현실과의 접촉 상실이나, 무관심, 조증의 형태를 취하는 재앙이 된다."(Bion, 1992, pp. 34~36)

꼬르비쉐르는 "비온의 "향성"에 대한 통찰 덕분에 베타 요소들 이전에 "유기체가 자극의 원천을 향해 접근하거나 그것으로부터 철수하는" 움직임만 있는 원초적인 현상의 영역이 존재한다고 믿게 되었다. 그 영역은 대상이 향성을 수정할 것이라고 기대되는 영역으로, 개인들은 출생 전부터 대상을 추구하는 경향성을 가지고 있는 것으로 추측한다."(Korbivcher, 2015, p. 184)

따라서 개인들은 향성을 투사하고 수정해줄 대상을 발견해야 한다. 그러한 대상을 발견한 경우 향성은 대상에게 투사되고, 투사된 향성은 대상에 의해 수정된 후 유아에게 재 내사 되는데 이때의 향성은 투사될 때와는 달리 유아가 통제할 수 있고 발달시킬 수도 있게 된다(Bion, 1992, p. 35). 그러나 그러한 대상을 발견하지 못할 경우 자폐 장벽이 발달하는 것이라고 꼬르비쉐르는 말한다(Korbivcher, 2015, p. 185). 이런 경우 향성은 의사소통의 수단 안에 갇히게 된다(Korbivcher, 2015, p. 187).

Ⅱ. 문헌연구

"자폐 아동들이 '존재함'과 '존재하지 않음' 사이에서 동요하고 있음을 알게 된다."(Tustin, 1990, p. 50)

터스틴은 자폐 아동[7]들이 존재함과 존재하지 않음 사이에 있다고 말한다. 자폐 아동들은 육체를 가진 한 사람으로 분명히 우리 앞에 존재한다. 그럼에도 그들이 존재함의 문제를 가지고 있다는 것은, 존재는 육체의 실존만으로 보장받을 수 없다는 뜻일 것이다. 이것은 육체의 실존과 주체가 느끼는 실존의 문제는 다른 것임을 환기 시키며, 인간의 발달에 있어 심리적 실존을 획득하기 위한 과정이 있음을 추측할 수 있다. 이러한 과정에 있어 존재의 연속성[8]이 중요하게 부각되며, 이는 대상을 통해 획득된다.

꼬르비쉐르(Celia Fix Korbivcher)는 비온(W. R. Bion)의 "향성(tropism)[9]"에 대한 연구에서 인간은 원초적으로 대상을 추구하는 경향성을 가지고 태어난다고 말한다(Korbivcher, 2015, p. 184). 이러한 타고난 경향성을 바탕으로 대상은 인간 주체의 존재를 확인해 주면서 개별적 존재의 삶을 시작하게 하는 중요한 역할을 맡는다. 이 과정에서 대상은 유아가 향성을 투사할 때 그것을 정신적 요소들로 변형시키는 기능을 한다(Korbivcher, 2015. p. 184). 그러나 유아가 자신의 향성을 투사할 대상을 갖지 못하면 자폐 장벽이 생길 수 있다(Korbivcher, 2015. p. 185).

따라서 자폐 아동은 향성을 투사할 대상을 갖지 못한 것이라고 볼 수 있다. 그러나 향성이 모든 정신 활동의 모체인 것과 인간이 원초적으로 대상을 추구한다는 것을 고려해 볼 때, 또한 인간은 대상을 통해서 존재의 연속성을 획득한다는 것을 고려해 볼 때 자폐 아동 역시 어떠한 경로를 통해서든 대상을 취하여 자신의 존재를 확인하려 한다고 추측해 볼 수 있다. 그것이 자폐 아동이 취하는 대상인 자폐적 대상이라고 가정한다.

1. 자폐적 대상과 특징

자폐적 대상이란 무엇인가?

자폐증을 가진 아동들에게 나타나는 여러 가지 고유한 특징이 있다. 예를 들어 언어 사용이 어렵거나 혹은 언어를 사용하더라도 일반적인지 않은 사용법, 반복적이고 강박적으로 보이는 행동, 타자와 상호작용의 어려움이 대표적이다. 이에 따라 자폐 아동은 혼자 있는 것처럼 고립되어 보이는데 마치 어떤 막에 둘러싸여 있는 것처럼 느껴지기도 한다. 이는 자폐 껍질[10]이라 부르는 것으로 자폐증을 진단하는 중요한 기준이 된다. 이와 함께 대부분의 자폐 아동은 특정한 감각을 좋아하거나 특정한 대상에 집착을 보이곤 한다. 그러한 특정한 대상을 늘 손에서 놓지 않고 지니고 다니려 하거나 반복해서 일정한 방식으로 사용하며 이러한 대상과 자폐아동을 떼어 놓는 것은 몹시 어려운 일이다. 이렇게 자폐아동이 집착하는 것으로 보이는 대상을 프랜시스 터스틴이 말하는 자폐적 대상이라고 볼 수 있다.

자폐적 대상은 "정신발달을 방해하는 감각-지배적인 방식으로, 각각의 아이 특유의 특정 개체, 특정한 대상이 강박적으로 사용되는 것이다"(Tustin, 1980, p. 34). 터스틴의 개념에 따르면 자폐적 대상은 자폐 아동에게서 관찰되는 것으로, 아동만의 특정한 대상이 있으며, 이 대상에 대한 사용 방식은 주로 감각적인 차원에서 강박적으로 사용됨으로 인해 아동들의 정신발달을 방해한다고 볼 수 있다.

일반적인 발달에 있어 아동들은 특정 시기에 자신이 좋아하는 것에 지나치게 집착하는 모습을 보이기도 하고 그러한 대상을 항상 지니고 다니려 하는 모습도 볼 수 있다. 이와 마찬가지로 자폐적 대상을 가지고 있는 자폐 아동 또한 항상 그것을 지니고 다니려 하며, 온통 관심이 그 대상을 향해 있는 것을 관찰할 수 있다. 그러나 이 둘의 차이는 명백해 보인다. 일반적 대상의 경우 대상은 강박적으로 사용되지 않을 뿐만 아니라 발달을 촉진시키는 역할을 하지만, 자폐적 대상은 터스틴의 개념에서 볼 수 있듯이 반복적이고 강박적인 사용 방식으로 인해 아동의 발달을 저해한다.

자폐적 대상을 가지고 있는 자폐 아동을 관찰해 보면, 세상에 아동과 그 대상만 존재하는 것처럼 보이기도 하고, 마치 한 몸 같아 보이기도 한다. 절대적 의존 단계[11)]의 아기와 엄마처럼 자폐아동은 자폐적 대상과 구별할 수 없는 한 단위처럼 보이고 자폐적 대상에 절대적으로 의존하는 것처럼 보인다. 칸너는 자폐 아동이 혼자 있는 모습에서 행복해 보이는 모습을 볼 수 있다고 말하기도 했는데(Kanner, 1943, p. 218), 그것은 자폐적 대상과 함께 있을 때도 관찰되는 현상이다. 그러한 고요함과 평화는 자폐적 대상과의 분리 시 깨지며 따라서 자폐아동은 자폐적 대상을 결코 놓지 않으려 한다.

자폐적 대상의 특징

터스틴은 자폐적 대상에 대해 쓴 글에서 자폐적 대상의 특징을 다음과 같이 설명한다.

첫째, 자폐적 대상의 가장 큰 특징은 그 대상이 원래의 기능으로 사용되지 않고, 각각의 아동에게 독특한 방식으로 사용된다는 것이다(Tustin, 1980, p. 27). 터스틴은 데이빗의 사례와 피터의 사례를 통해 자폐적 대상의 독특한 사용 방식에 대해 이야기 한다. 데이빗은 장난감 미니 자동차로 놀이를 하지 않고 손에 꽉 쥐고 있으면서 자신의 몸의 일부분으로 사용했으며, 피터는 열쇠를 여는 것이 아닌 단지 몸에 지니고 다니는 것으로 사용했다(Tustin, 1992, p. 111). 여기서 장난감 자동차가 놀잇감으로 사용되고 열쇠가 자물쇠를 여는 것으로 사용되는 일반적인 방식을 따르고 있지 않음을 알 수 있다. 이것은 자폐적 대상이 감각-지배적인 방식으로 사용된다는 것을 말해주고 있는 것으로, 자폐 아동은 대상의 어떠한 측면 — 구체적으로 무엇이고, 어떤 기능을 가지고 있으며, 어떻게 사용되는지 — 보다도 접촉에서 느끼는 감각의 차원에서 대상을 사용하고 있다는 것을 나타낸다. 초기 유아가 손에 잡히는 모든 대상을 입으로 가져가는 모습을 생각해보면 이때도 유아는 대상의 기능과 상관없이 빠는 것에 집중하는 것을 볼 수 있다. 자폐적 대상도 이와 같은 모든 것이 감각적 차원에서 대상이 다루어지는 발달적 수준에서 사용되는 것이라 생각할 수 있다.

연구자의 임상에서도 대상이 감각적 차원에서 사용되는 것을 관찰할 수 있었다. 예를 들어 어떤 자폐 아동은 단단한 빨대와 철사를 좋아했는데, 아동은 빨대와 철사를 이용해 무엇을 하기 보다는 단순히 그것을 손에 쥐고 있거나, 구부리거나, 계속해서 만지작거리고만 있었다. 이는 그 대상들의 기능과는 전혀 무관한 사용 방식으로 주로 단단함과 그것을 구부릴 때의 느낌을 얻고자 하는 것으로 보였다. 이러한 모습은 대상의 사용이 표상과 상징화의 재료로 쓰이는 원초적인 감각의 차원에 머물러 있다는 것을 뜻하는 것으로 볼 수 있다.

둘째, 자폐적 대상은 놀이에 사용되지 않고, 반복적이고 의례적이며 강박적인 방식으로 사용되며, 또한 자폐 아동은 자폐적 대상에 대해 강한 집착을 가지고 있다(Tustin, 1980, p. 27). 보통의 경우 아동들은 놀이 시 어떠한 대상들을 사용하며, 놀이에서 쓰이는 대상들은 아동의 환상을 구현하는 역할을 한다. 때에 따라 그 대상들은 놀이 속에서 대상이 지니는 기능과 다르게 사용되기도 하지만, 아동들은 놀이라는 틀에서 그 대상을 사용한다는 것을 인지하고 있다. 즉 아동들은 현실에서 대상이 사용되는 방식과 놀이에서 대상이 사용되는 방식에 대한 구분을 가지고 있다. 또한 놀이에서의 독창적인 사용 방식을 통해 아이들은 자신의 환상을 나타내고 정서적 표현을 하며 타자와의 관계로 나아간다. 그러나 자폐 아동들이 자폐적 대상을 사용하는 방식을 관찰해 보면 환상과 관련이 없거나, 신체 감각에 가까운 극도로 빈약한 환상들이어서 단순하고 반복적인 방식으로 사용된다(Tustin, 1980, p. 28). 예를 들어 템플 그랜딘(Temple Grandin)[12]은 자신의 자서전에서 보통의 아이들처럼 모래를 가지고 모래성을 쌓거나 놀이를 하는 것이 아니라 단지 손에서 모래가 흘러내리는 감촉을 몇 시간이고 반복적으로 즐겼던 것을 이야기한다. 또한 제이-맥(Jason McWl-wain)[13]은 깡통을 두드리던 것을 이야기하는데, 그 깡통은 껌을 담는 통이었지만 껌을 다 빼고 그저 두드리기만 했다고 한다.

연구자의 임상에서도 어떤 자폐 아동은 모래를 좋아했는데 그것을 가지고 놀이를 하지 못하고 계속적으로 만지기만 하면서 감촉을 느끼려 했다. 또 게임카드를 좋아하던 아이는 그것을 가지고 게임을 하지 못하고 이리저리 살펴보고 만져보고 냄새 맡는 것에 머무르는 모습을 보였으며, 다른 아이는 진득한 느낌의 물감을 몸에 문지르는 것을 반복하는 모습을 볼 수 있었다. 이렇게 자폐적 대상은 강박적이고 반복적인 방식으로 단순하게 사용되어 일반적으로 놀이에서 쓰이는 대상들처럼 아동의 환상을 관찰할 수 없으며 관계를 확장시키는 역할을 하지 못한다(Tustin, 1980, p. 28). 이러한 일반적이지 않은 사용 방식이 다른 사람의 눈에는 이상하게 보일지라도 자폐 아동에게는 절대적 의미를 지닌다(Tustin, 1980, p. 27).

셋째, 또 다른 전형적인 특징은 하나의 대상에 특정하지 않는다는 것이다(Tustin, 1980, p. 28). 예를 들어 중간 대상이 외관상 같은 곰 인형이라 할지라도 다른 곰 인형이 아닌 하나의 특정한 곰 인형을 지정한다면, 자폐적 대상은 하나의 특정한 대상을 지정하지 않는다. 터스틴 사례의 데이빗은 자동차를 가지고 오긴 했지만 특정한 자동차가 아닌 여러 자동차를, 피터는 열쇠를 지니고 다니긴 했지만 특정한 하나의 열쇠를 고집하지 않았다(Tustin, 1980, p. 28). 이는 자폐적 대상이 동일한 감각의 다른 것으로 대체될 수 있음을 보여준다. 또한 자폐아동들이 자폐적 대상을 선택할 때 대상의 의미와 기능보다는 형상과 윤곽, 그리고 감각을 우선적으로 고려한다는 사실을 말해준다(Tustin, 1980, p.28).

넷째, 자폐적 대상은 대부분 '단단함'을 가지고 있다(Tustin, 1980, p. 29) 그러한 단단함이 아이들에게 안정감을 준다고 터스틴은 말한다. 이러한 단단함은 초기 유아 시절 극도로 불안한 상황에서 몸이 긴장했을 때 느껴진 근육의 단단함에서 유래한 것이라고 본다(Tustin, 1990, p. 124). 이는 "비온이 말한 이름 없는 공포인, 위험의 순간에 붙잡을 수 있는 것처럼 보이는 단단한 사물에 집착한다고 말한 것과 같다"(Hagg, 1994, p. 115).

이 '단단함'에 대해 주목할 필요가 있는데, 자폐 아동이 자폐적 대상에게서 취하고자 하는 것이 바로 이 단단한 감각이기 때문이다. 자폐적 대상이 자폐 껍질의 기원이라고 한 터스틴의 연구를 참조해 볼 때(Tustin, 1990, p. 60), '단단한' 감각은 자폐적 껍질을 만들기 위한 재료로 쓰인다고 볼 수 있다. 자폐 아동이 단단한 감각을 통해 자폐적 껍질을 만든다는 것은 자폐적 껍질의 성질이 단단하다는 것을 의미한다. 자폐적 껍질이 자신을 보호하기 위한 방어라고 볼 때(Korbivcher, 2015, p. 72), 자폐적 껍질의 요구를 출현시킨 상황은 아마도 외부의 침입으로부터 자신을 지켜내야 하는 상황이었을 것이라고 추론해 볼 수 있다.

또한 Hagg에 의하면 자폐적 대상은 자폐 아동이 긴박한 상황에서 붙잡을 수 있는 대상이므로 유아의 첫 번째 대상인 엄마를 대신하고 있다고 여길 수 있다. 그러나 여기서 엄마는 대상으로서의 엄마라기보다는 유아와 아직 분리가 되지 않은 상태에서의 엄마이므로 아동 자신의 한 부분이다(Tustin, 1990, p. 8). 그러므로 아동은 절박한 상황에서 자신의 한 부분을 붙잡는다고 볼 수 있다. 자폐적 대상은 '존재의 연속성'을 보장해주는 아동 자신의 한 부분인 것이다(Tustin, 1990, p. 124). 이는 엄마와 아기가 분리되지 않았음을 말해주며 이로 인해 대상 인식이 불가능해 짐에 따라

개별적 주체로서의 삶을 시작할 수 없음을 말해준다. 따라서 육체를 가진 인간으로서 세상에 어떠한 공간을 차지하고 있지만, 심리적으로는 아직 분할되지 않은 광활한 공간 그 자체이므로 개별 주체로서의 심리적 공간은 아직 없다고 할 수 있다.

이렇게 자폐적 대상에 대한 터스틴의 정의와 특징들을 살펴보면 자폐적 대상은 자폐 아동들이 병리적 방식으로 취하는 대상이며 이는 일반적인 대상과는 다르게 관계를 맺고 사용된다는 것을 알 수 있다.

자폐적 대상이 주로 감각적인 차원에서 사용되는 것을 주의 깊게 생각해 볼 필요가 있다. 감각의 유입은 대상의 표면과 관련이 있으며 더불어 주체의 표면인 피부와 관련이 있다. 이 표면은 주체와 대상이 서로 접촉하면서 연결되는 동시에 주체와 대상을 분리하는 역할을 한다. 접촉을 통해 서로의 차이를 발생시키면서 서로에 대해 인식하게 하고 각자 존재하는 개체임을 알게 해주는 것이다. 그러므로 자폐 아동이 자폐적 대상의 표면의 감각을 취하려는 것은 대상에 대한 인식과 더불어 자신의 존재에 대한 감각을 확립하려는 시도로 볼 수 있다.

따라서 감각을 획득하는 장소로써 표면인 피부가 중요하게 부각된다. 피부의 심리적 경험의 중요성을 처음 언급한 프로이트(Sigmund Freud)는 “자아는 무엇보다도 먼저 육체적 자아이다. 그것은 표면적 실체일 뿐만 아니라 그 자체로 표면의 투영이다”(Freud, 2010, p. 365) 라고 말했다. 이 글의 1927년 영어판

각주에 그는 "자아란 궁극적으로 육체적 감각에서, 주로 육체의 표면에서 나오는 감각에서 유래된 것이다. 따라서 자아는, 우리가 위에서 보았듯이 정신 기관의 외관을 대표하는 것 외에 육체적 표면의 정신적 투사라고 간주할 수 있을 것이다"(Freud, 2010, p. 365, 각주)라고 부연한다. 육체의 표면은 피부라고 간주할 수 있을 것이며 따라서 육체의 표면에 관한 비유는 중요한 의미를 지닌다. 자아가 육체 표면의 투영이라는 프로이트의 견해대로라면, 어떤 사람의 전체적 자기를 다른 사람과 구별하는 자아가(Freud, 2010, p. 346) 피부의 심리적 경험에 의해 형성된다는 것을 암시한다(Feldman, 2004, p. 288). 이 점에서 "피부는 자아발달의 가장 첫 단계이고 심리적 경험의 일차적 조율자이다. 피부는 자아(나)의 최초의 정신적 구조이자 최초의 경계선과의 심리적 경험이며 심리적 피부는 내적 외적 경험을 구분하는 선이 되고, 첫 대상관계와 첫 자아 경험의 조율자가 된다."(Feldman, 2004, p. 288)

그러므로 초기 유아기에서 대상과의 피부 경험은 대단히 중요하게 된다. 초기 유아기의 피부 경험은 대상과 자기를 구별하는 근원적 경험이라고 할 수 있으며, 이 경험을 통해 대상을 인식하고 그렇게 인식한 대상을 통해 유아는 육체적 생존과 함께 심리적 생존을 할 수 있다. 이때 비로소 존재의 연속성이 획득된다고 볼 수 있다.

따라서 초기 유아기의 피부 경험에서 외상이 발생할 시 유아는 존재의 연속성을 유지하기 어렵게 된다. 이러한 외상은 내적 경험과 외적 경험의 경계를 만드는 데에 심각한 문제를 초래하기 때문에 유아의 대상에 대한 인식을 무너뜨리고 더불어 자기에 대한 감각도 획득할 수 없게 만든다. 그 결과 존재의 연속성을 깨뜨려 자기의 존재가 상실되는 위험에 처하는 상황을 만들게 될 것이라 추론해 볼 수 있다.

이에 따라 자폐 아동이 존재함의 위기에 처해있다는 터스틴의 견해에 비추어 볼 때 자폐 아동들의 초기 피부 경험에 외상이 발생했을 수 있다는 것을 추측할 수 있으며, 이것이 자폐 아동들의 존재의 연속성에 심각한 부정적 영향을 미쳤을 것이라 생각할 수 있다. 이에 자폐 아동들의 초기 외상에 대한 탐구와 그것이 어떻게 자폐적 대상을 출현시키는지에 대해 살펴보고자 한다.

2. 자폐적 대상의 형성

터스틴은 심인성 자폐증은 외상적 경험에 대한 방어라고 말한다. "여기서 말하는 외상적 경험은 초기 유아기에 그들 자신의 신체의 일부로 경험된 젖을 주는 엄마로부터 신체적으로 갑작스럽게 떨어져 나가 분리되어 있다는 특별히 고통스러운 경험을 말한다."(Tustin, 1990, p. 8)

터스틴의 외상에 대한 정의에서 주목할 것은 분리이다. 물리적인 육체를 가지고 있는 인간에게 분리는 존재의 조건이라고 할 수 있다. 이렇게 인간에게 있어 필연적 사건인 분리가 아기가 적절히 준비되기 전에 갑작스럽게 일어남으로 인해 외상이 생기고 이에 대한 방어의 하나로 자폐적 증상이 나타난다고 터스틴은 이야기한다. 이 분리는 자신의 신체의 일부로 여겨지는 엄마와의 분리라고 말하는 것으로 보아 초기 유아와 엄마와의 관계는 몸과 마음이 하나인 상태를 가정하며, 이 상태는 유아의 편에서 심리적 · 신체적 하나 됨 모두를 이야기하는 것으로 볼 수 있다. 이 상태에서의 분리는 유아가 모든 기관이 민감하고 충분히 발달하지 못한 삶의 초기에 자신의 존재에 대한 감각을 획득하는 방식과 관련이 있다고 생각할 수 있으며, 따라서 분리의 방식은 매우 중요해진다. 그러므로 분리는 역으로 어떻게 연속성을 동반할 수 있는가에 대한 문제를 제기한다. 즉 분리가 외상적으로 느껴지지 않기 위해서는 유아가 감당할 수 있는 수준에서 분리가 실행되어야 하며 이것은 어느 정도의 연속성을 바탕으로 해야만 하는 것이다. 존재의 연속성을 유지시키는 한에서 분리는 인간에게 발달의 기제로 쓰일 수 있으며, 그렇지 않을 경우 발달을 멈추게도 할 수 있을 것이다.

따라서 터스틴의 외상에 대한 정의에 따르면 유아와 엄마의 초기 하나 됨의 상태에 대한 가정과 이 상태에서 갑작스러운 분리로 인해 존재의 연속성이 깨지는 외상적인 상황이 발생했을 때 자폐적 증상이 출현하며, 그 증상의 하나로 자폐적 대상에 대한 요구가 발생하는 것으로 볼 수 있다. 즉, 자폐증에서의 관건은 존재의 연속성을 획득하는 것으로, 따라서 자폐적 대상은 자폐 아동에게 존재의 연속성을 획득하게 하는 대상이라고 추측할 수 있다. 이렇게 자폐증이 유아 초기의 삶에서 분리와 존재의 연속성에 대한 주체의 반응이라면 유아가 이를 어떻게 획득해 가는가는 매우 중요한 일이다.

출생이라는 사건을 통해 세상에 나온 유아는 이제까지와는 전혀 다른 환경에 처하게 된다. 갑작스럽게 바뀐 환경을 전혀 통제할 수 없는 유아는 익숙한 감각들을 찾으려 하고(Szejer, 2015, p. 70), 이때 자신을 품고 있던 최초의 타자인 어머니를 통한 감각의 회복이 중요해진다. 이러한 감각의 회복 또는 연결은 출생 전과 후 유아의 존재의 연속성을 확인시켜 주는 작업으로 이 연결에 손상이 발생하면 자기 자신을 구성해 나가는 데 어려움을 겪게 된다(Szejer, 2015, p. 78). 아기의 최초의 대상은 "자기를 조절해주는 사람"이면서(Szejer, 2015, p. 144), 유아와의 감각적 연결을 통해 유아의 존재의 연속성을 보장해 주는 것이다.

이 연속성의 보장에 있어 가디니(Renata Gaddini)는 빨기와 피부접촉을 중요하게 보고 있다. "울고 있는 아기를 진정시키는 것은 빨기와 피부접촉이라고 말하며 이 두 가지 경험이 가리키는 것은 연속성을 통한 하나 됨의 감각이라고 말한다... 젖꼭지를 빠는 것은 분리로 인해 발생한 공간을 채우면서 연속성과 일관성을 재정립시키는 것이며, 이러한 빨기를 통해 유아는 피부를 접촉하고, 이는 존재의 감각이 발생하는 것을 지지하며 발달시킨다."(Gaddini, 1987, p. 323)

이렇게 유아에게 있어 젖가슴과 피부를 통한 최초의 대상과의 연결은 분리에 대한 인식을 촉진시킴과 동시에 이러한 분리를 할 수 있는 매개체가 된다. 여기서 두 가지가 동시에 충족되지 않을 시, 다시 말해 분리의 측면에서의 문제와 재 연결에서의 문제가 발생할 시 존재의 연속성이 깨지는 외상을 경험할 수 있다고 볼 수 있다. 이 외상이 유아가 극복하기 어려울 만큼 크다면 추후 병리적 증상을 일으킬 수 있을 것이며 자폐증은 그 중 하나라고 할 수 있을 것이다.

가디니의 논의를 따라 터스틴이 말한 분리의 외상을 젖꼭지-입과 피부접촉에 대한 측면에서의 외상으로 살펴보고자 한다.

젖꼭지-입에서의 외상

터스틴은 대부분의 자폐 아동은 젖을 빨기가 어려웠던 경험이 있다고 말한다. "이들에게 있어 젖가슴이나 젖병의 젖꼭지는 자신들의 의지와 상관없이 자꾸 빠져버려 아동들이 통제하기 어려웠던 대상으로, 이 통제 불가능성이 외상적 상황이다."(Tustin, 1990, p. 68).

젖가슴과의 분리가 외상적인 것은, 아직 대상에 대한 인식이 없는 유아에게 젖가슴은 자신의 신체로 여겨지며 따라서 젖가슴을 상실하는 것은 자신의 신체의 일부분을 상실하는 것이기 때문이다(Tustin, 1990, p.8). 이 상실은 존재의 연속성을 단절시키며 이것은 극복할 수 없는 큰 틈새가 된다. 이들은 붙잡을 것이라곤 아무것도 없는 상태에서 발밑에 구멍이 뚫려 계속 아래로 떨어지고 있다고 느낀다(Tustin, 1990, p. 64). 마치 남극이나 북극 탐험가들이 빙하 사이의 틈새인 크레바스 속에 빠져 버리는 상황이나 혹은 도로가 갑자기 꺼져 버리는 싱크홀과 같은 상황이라고 생각해 볼 수 있다. 만약 우리가 그러한 구멍에 갑작스럽게 빠진다면 상상할 수 없는 죽음의 공포를 느낄 것이다. 자폐 아동은 그러한 공포에 사로잡혀 있다고 볼 수 있으며, 자폐 아동에게 생긴 이런 틈새, 구멍은 터스틴이 존과의 작업에서 개념화한 "블랙홀"[14]로 지칭된다.

> "블랙홀은 존의 외상적 경험이 바로 그의 신체의 중요한 부분을 잃었다는 감정과 연관되어 있음을 이야기해주었고, 나중에 그가 잃었다고 생각한 신체의 부분이 어머니의 신체의 일부(젖가슴, 젖꼭지)였다는 것을 깨닫게 되었다. 그는 그가 그것을 잃었다고 느끼기 전까지는 그것이 거기에 있었다는 사실을 깨닫지 못했다. 이 모든 것은 전적으로 감각-지배적인 경험이 본래 어떤 것이었는지를 말해준다."
> (Tustin, 1990, p. 37)

터스틴에게 있어 블랙홀은 '아동과 어머니 사이의 정신적 및 정동적 단절'의 산물이다. 이러한 젖꼭지-입의 갑작스런 상실을 자폐 아동은 대상의 부재로서 상징화할 수 없었으며, 따라서 상실된 자리에 생긴 구멍은 그대로 노출된다. 그 결과 구멍은 아동에게 실재적으로 느껴지면서 극심한 불안을 가져오고 이로 인해 자폐적 방어들을 사용할 수밖에 없게 된다. "자폐적 방어들을 만들어내는 것만큼 어머니를 활용할 수가 없는 아동이 어머니를 부인하게 될 때, 이러한 단절에서 발생하는 구멍은 블랙홀이 된다. 따라서 터스틴은 자폐 아동이 단절된 정신을 잘라내는 과정, 즉 단절을 단절하는 부정적 과정에 대해 말한다."(Ribas, 1994, p. 221) 이는 단절된 어머니 신체이자 자신의 부분이 외상적 공포를 발생시킴으로 인해 그 감각을 차단시켜 버리는 것을 의미한다고 볼 수 있다. 이것은 젖가슴과의 분리에 대한 지각을 차단하는 것으로 생각할 수 있으며 대상인 어머니에 대한 인식을 차단하는 결과를 가져온다고 추측할 수 있다.

이러한 대상의 인식에 대한 차단의 결과는 결과적으로 주체 자신에 대한 인식을 차단하는 결과를 가져온다. 젖가슴을 통해 자신을 비춰주던 거울 같은 어머니(Lefe'vrer, 2016, p. 26)의 사라짐은 모든 감각의 사라짐을 야기하며 이는 주체의 사라짐을 동반한다. 거울이 있던 자리, 젖가슴이 있던 자리, 주체가 있던 자리는 사라진다. 이는 어쩌면 "블랙홀"마저 지워버리는 무(無)로의 소환일 것이다. 이러한 대상의 사라짐은 주체의 존재의 연속성을 파괴하는 결과를 가져오며 이는 존재감의 상실을 초래한다고 볼 수 있다.

자폐아동이 '존재하지 않음'의 "블랙홀"을 두려워한다는 것은 인간에게 근원적 공포가 무엇인지를 말해준다. "존재감을 상실하는 것은 죽음보다 훨씬 끔찍한 것이 된다. 죽음에서는 최소한 신체가 남지만 존재감의 상실에서는 아무것도 남지 않기 때문에 '존재'에 대한 정신적인 감각의 소멸을 의미하는 멸절은 가장 심각한 위협이 된다." (Tustin, 1990, p. 57) 이것은 자신의 출생 자체를 지워버리는 효과를 낳기 때문이다.

위니캇은 이에 대해 " ... 아기가 상실에 직면하도록 필요한 장비를 갖추게 되는 발달 단계에 도달하기 전에 분리가 발생할 때, 아기의 관점에서 입의 어떤 측면들은 어머니의 젖가슴과 함께 상실될 수 있다."고 말한다. 물론 이것은 현실에서의 상실은 아니지만, 분리에 대한 자각이 유아가 감당할 수 있는 수준을 넘어서는 것을 의미한다(Hagg, 1994, p. 108). 유아에게 젖가슴에 대한 때 이른 상실은 자신의 신체에 구멍이 생긴 것 같은 느낌을 주기 때문에, 아동은 이 구멍을 통해 자신이 사라져 버릴 것 같은 위험에 처하는 멸절의 위기에 처하게 되는 것이다.

따라서 자폐 아동들은 이 틈새, 구멍을 메우기 위해 자폐적 증상들을 동원하고 이를 통해 안정감을 획득하고자 한다(Hagg, 1994, p. 108). 즉 분리에 대한 때 이른 자각과 함께 재 연결에 대한 요구가 대상에게서 적절한 수준으로 충족되지 않을 시 자폐 아동들은 자폐적 증상들을 통해 재 연결을 시도하면서 존재감을 획득하고 멸절의 위기에서 벗어나 안정을 취한다. 이때 사용되는 자폐적 증상 중의 하나가 자폐적 대상을 사용하는 것으로 블랙홀, 즉 구멍을 막는 역할을 한다고 볼 수 있다. 일반적으로 젖가슴과의 분리 시 아기들은 젖가슴과의 결합 당시 대상으로부터 내사한 감각을 이용해서 구멍을 메우게 된다. 즉 감각들을 표상으로 연결하면서 공간을 채우고 대상이 다시 돌아올 때까지 기다릴 수 있게 된다. 그러나 자폐 아동들은 이 과정을 진행할 수 없었으며 구멍은 그대로 노출되고 이는 유아 자신의 신체 구멍으로 인식되며 멸절의 불안에 휩싸이게 된다. 따라서 자폐아동은 실제적 대상이면서 통제 가능한 자폐적 대상으로 그 구멍을 막는다고 추측해 볼 수 있다. 이러한 주체의 해결책은 결과적으로 몸의 분리를 경험하지 못하게 한다(Tustin, 1980, p. 31).

또한 일반적 대상이 확인해 주던 주체의 자리를 자폐적 대상이 재 표기한다고 볼 수 있다. 그러나 일반적 대상이 있음과 없음의 리듬을 통해 상징화를 촉진시킨다면, 자폐적 대상은 그러한 리듬을 형성할 수 없다. 반대의 측면에서 유아는 외상 앞에서 그러한 리듬을 거부하는 것이라고 추측해 볼 수 있다. 따라서 자폐 아동에게 자폐적 대상은 구멍을 계속해서 막고 있는 대상이어야 한다.

다른 한편, 대상과 유아를 재 연결시키는 역할을 하는 젖꼭지-입은 피부의 일부분인 피부 점막으로 볼 수 있으며, 따라서 젖꼭지-입은 대상과의 피부접촉의 한 측면이라고 할 수 있다.

피부에서의 외상

우리는 너무 이르게 세상에 나온 조산아에게 치료적 형태의 하나로서 엄마와 피부접촉을 하도록 하는 것에 대해 알고 있다. 엄마가 하루에 일정 시간을 유아와 직접적으로 피부를 접촉하며 안아주는 것으로 이를 통해 생명의 위협 앞에 있던 아기가 삶을 지속하는 것을 볼 수 있다. 이러한 아기와 엄마의 직접적인 피부 접촉을 "캥거루 케어"[15)]라고 부르며, 이 케어 안에서 아기는 출생 전 친숙했던 감각들을 다시 회복시키고 출생 전과 후의 연속성 안에서 자랄 수 있는 기회를 갖는다(Szejer, 2015, p. 44). 이것은 위니캇이 말한 엄마와 아기가 하나의 단위(Winnicott, 2000, p. 54)임을 확인시켜주는 과정일 것이다. 이 캥거루 케어는 초기 발달에서 피부가 가지는 중요성을 잘 보여 준다. 이러한 피부와 피부 접촉에 대한 중요성에 대해 디디에 앙지외는 "피부 자아"라는 개념을 통해 그리고 에스더 빅은 「초기 대상관계의 피부의 경험」이라는 글을 통해 역설한다.

빅은 "갓 태어난 아기는 자신의 인격의 조각들을 하나로 묶어주는 힘이 없다고 느끼고, 이 때문에 〈바깥세상〉과 경계 표면으로서의 피부를 통해 하나로 묶여야 한다."(Bick, 1968, p. 484)고 말하며, 이는 "피부가 신체를 하나로 묶어주는 기능과 구분할 수 없다"(Bick, 1986, p. 292)고 말한다. 빅이 초기 아기의 발달에서 신체부위와 인격들은 구분이 되지 않는다고 이야기한 것을 볼 때 신체적 피부는 심리적 피부에 상응한다고 볼 수 있다. 빅은 "자아의 조각들을 수용할 내부 기능이 생기려면 처음에는 외부 대상의 내사가 필요하다"고 제안하며, 외부 대상의 내사로 획득한 피부를 일차적 피부라고 부른다(Bick, 1968, p. 484). 여기서 말하는 "외부대상은 신체적으로 그리고 정서적으로 "안아주는" 그리고 정신적으로 "담아주는" 어머니와 유아의 감각기관인 신체 표면 사이에서 발생하는 계속적인 상호작용의 경험들로 구성된 복잡한 그리고 미분화된 대상을 말한다"(Mitrani, 2015, p. 15).

여기서 빅은 신체를 감싸주는 피부와 같은 기능을 하는 심리적 피부를 가정하고 있다. 신체의 여러 기관을 표면으로 감싸면서 외부와 구별되는 하나의 단일 개체를 완성시키는 피부와 마찬가지로 비통합 상태인 아기를 심리적으로 감싸 하나로 묶어주는 심리적 피부 개념을 소개하고 있는 것이다. 이 심리적 피부는 외부 대상의 내사를 통해 이루어진다고 말하는데, 이 내사는 실제적 대상이 안아주고[16] 담아줄 때[17] 가능하다고 미트라니는 말한다. 즉 안아주기를 통해 어머니와 아기의 피부가 접촉할 때 발생하는 신체감각의 유입을 통해 아기는 자신의 신체적 피부뿐만 아니라 심리적 피부를 발생시킨다고 볼 수 있다.

빅은 "나중에 대상의 이러한 심리적 피부 기능과 동일시가 통합되지 않은 자아의 상태를 대체하며, 내적 및 외적 공간에 대한 환상(phantasy)을 발생시킨다."는 가설을 세웠다(Bick, 1968, p. 484). 또한 빅은 "... 담는 기관이 내사되기 전까지는 자기 내부의 공간이라는 개념은 생겨날 수 없고... [내적으로 담아주는] 대상의 건설은... 손상될 것이다"(Bick, 1968, p. 484)라고 말했다.

아기는 처음에 외부에 대한 감각과 자신의 피부에 대한 감각이 없이 대상과의 하나 됨의 상태에 머무른다. 아기는 출생이라는 사건 후 자신을 감싸주고 묶어주던 막에서 나와 낯선 환경에 처하게 된다. 자신을 따듯하게 해주던 촉촉한 양수도 없고, 안정시켜 주던 엄마의 심장 소리도 없으며, 외부 온도는 차갑고, 몸을 담아주던 양막도 없어져 아기의 몸은 갈 곳 없이 흩어지게 된다. 이 상태를 비통합 상태라 부를 수 있을 것이다. 자궁 안에서 탯줄과 양막을 통해 엄마와의 융합과 분리를 동시에 획득하고 있었던 아기는 출생 후 그것을 잃어버리게 되는데 그로 인해 아이는 그것을 대신할 담아주는 대상을 찾게 되는 것으로 추측해 볼 수 있다.

빅은 이렇게 말한다. "비통합 상태에서, 아기는 〈자아의 조각을〉 수용해 줄 대상을 미친 듯이 찾는다 — 불빛, 목소리, 냄새, 또는 다른 감각할 수 있는 것 — 자기의 관심을 집중할 수 있고, 이를 통해 다만 잠시라도 인격의 조각들이 하나로 묶여있는 것처럼 느낄 수 있게 말이다. 가장 좋은 대상은 친숙한 냄새의 엄마가 안아주고 이야기해주고 입안에 젖꼭지를 물리는 것이다. " (Bick, 1968, p. 484)

이렇게 흩어져 버릴 것 같은 심각한 공포에 시달리던 아기는 자신을 안아주고 담아주는 대상을 통해 비로소 안정을 취할 수 있게 된다. 안아주는 대상에 의해 안기고 담아주는 대상에 의해 담기면서 아기는 외부 대상과 피부접촉을 하게 되며, 자신의 경계면을 인식하는 것으로 대상에 대한 인식을 하게 되고, 더불어 자신의 신체에 대한 자각을 하게 되면서 대상과의 분리를 시작할 수 있게 된다. 이렇게 신체적 분리가 이루어지게 됨에 따라 심리적 분리도 이루어지게 된다고 볼 수 있다.

따라서 피부 접촉을 통한 경계면의 인식은 주체와 대상 사이의 물리적 · 심리적 공간을 만들어 내게 되는데, 이때 유아는 잠시 동안의 분리를 견뎌내기 위해 어머니와 접촉했던 순간의 피부감각을 내사했던 것을 사용하게 된다. 그러므로 안아주는 대상의 내사는 매우 중요하게 되며, 구체적으로 피부에 의해 담기는 것이 중요하게 된다. 이런 과정을 통해 분리의 순간에도 유아는 자신의 존재에 대한 연속성을 유지시키며 발달을 성취해 나가게 된다. 더불어 어머니의 담아주는 기능이 내사되어 심리적 공간을 발생시키며 정체성을 획득해 나간다. 이 공간의 발생으로 자아와 대상의 원초적 분리가 이루어진다고 말하며 이는 자아와 대상이 각 자신의 '피부' 안에 수용되는 과정을 전제로 한다고 말한다(Bick, 1968, p. 484). 즉 대상과의 분리에 앞서 피부 접촉을 통한 대상에 대한 인식과 함께 자신의 일차적 피부가 형성되어야 한다는 것을 의미한다고 볼 수 있다. 이것은 대상 없이는 성취할 수 없는 과정이다.

이러한 빅의 일차적 피부에 상응하는 개념으로 앙지외의 피부자아[18]를 들 수 있다. 앙지외는 "자아는 무엇보다 먼저 신체적 자아이다; 그것은 단지 표면적 존재가 아니라, 그것 자체가 표면의 투사물이다."(Freud, 1923, p. 26)라는 프로이트의 글에 근거해 모든 심리적 활동은 생물학적인 기능에 의탁[19]한다고 보며, 이에 따라 실제 피부의 기능에 의탁한 피부 자아에 대한 논의를 전개시킨다(Anzieu, 2013, p. 83).

피부 자아는 여러 가지 기능이 있는데 1974년에 발표된 피부 자아에 대한 최초의 논문에서 다음과 같이 이야기한다.

> "첫 번째 기능은 담아주는 주머니로서의 기능으로 이 주머니 안에는 수유, 육아, 언어적 환경을 통해 모아진 좋은 것들이 가득 담겨있다고 말하며 자기를 통일되게 담아주는 싸개의 기능이다. 두 번째 기능은 경계면으로서의 기능으로 외부의 경계가 되어 내부로부터 외부를 분리시키는 기능을 하고, 이것은 나 아닌 것들의 탐욕과 공격에 의한 침투를 막아준다고 말하는 것으로 심리를 보호하는 방벽의 기능이다. 세 번째는 타인과 의사소통을 하고 타인과 의미 있는 관계를 형성하는 최초의 장소이자 수단으로 기능하는 것으로 표상을 가능하게 해주는 기능인 최초의 흔적들의 등록 및 교환의 필터로서의 기능이다."(Anzieu, 2013, pp. 83~84, p. 167)

이러한 기능을 가진 피부 자아는 어머니와의 직접적 피부 접촉을 통해 획득할 수 있다(Anzieu, 2013, p. 80). 빅과 마찬가지로 앙지외 또한 어머니의 안아주기를 내면화함으로 인해 피부 자아가 형성된다고 말한다(Anzieu, 2013, p. 168).

피부 자아의 세 가지 기능은 주체가 대상과 분리를 어떻게 획득하는가와 관련이 있으며, 정신적 심리적 발달을 어떻게 시작하는가와 관련해서 주의 깊게 살펴볼 필요가 있다. 첫 번째 담아주는 피부는 빅의 일차적 피부와 마찬가지로 신체 표면 전체를 덮어주고 모든 외부 감각기관을 포함하는 피부에 상응하며, 모든 심리적 장치를 감싸려 한다(Anzieu, 2013, pp. 171~172). 이는 비통합 상태의 아기가 담아주는 대상을 필요로 하는 상황에서 기능하는 것으로 볼 수 있다. 이 담아주는 기능에 문제가 생기면 확산되고, 흩어지는 불안이 발생한다고 말하는데, 이는 멸절의 불안과 같다고 말할 수 있다. 이러한 담아주는 기능을 통해 아기는 자신을 하나의 개체로 구성할 수 있을 것이다. 두 번째 경계면으로서의 피부는 외부와 내부의 접촉을 이루는 이중의 역할을 하는 피부를 생각해 볼 수 있다. 피부는 신체 표면으로서 내부의 끝이면서 외부의 시작점이기도 하고, 외부와의 분리를 이끌어 내면서 연결시키기도 하며, 나에게 속한 동시에 외부에 속한 것이기도 하다. 따라서 경계면으로서의 피부는 한 인간을 개별적으로 존재하게 함과 동시에 사회 안에 존재하게 한다고 생각할 수 있다. 특히 외부 자극에 대한 방어의 역할을 하는 기능은 외부로부터 유입되는 감각적 자극을 조절하며 감각이 신체와 심리에 등록되는 역할을 할 것이다. 그러나 때로는 지나친 자극이 유입될 때 피부 자아는 자극막이 역할을 할 수 있는데, 자아에 대해 자극막이의 역할을 인정한 프로이트의 논의를 따른 것으로, 그는 어머니가 아기에게 보조적인 자극막이의 역할을 한다고 말한다. 이에 대해 앙지외는 아기의 자아가 자기의 피부에서 이러한 기능을 수행할 정도로 충분한 의탁을 발견할 때까지 계속된다고 보았다(Anzieu, 2013, p. 173). 이것은 자신의 피부 자아가 형성되기 전까지 그 기능을 수행하는 외부 대상으로서의 어머니에게 의탁한다고 볼 수 있다. 따라서 대상을 통한 의탁을 통해 자아가 형성되는 것으로 볼 수 있다. 그러므로 환경으로서의 대상이 제대로 기능하지 못할 경우 자기 피부에 의탁을 할 수 없게 되는 상황이 발생할 수 있을 것이며, 그 결과 피부 자아를 구성하는 데 어려움이 발생할 수 있다. 세 번째 흔적들의 등록 및 교환의 필터로서의 기능은 대상과의 관계를 가능하게 하는 기능으로 감각을 통해 표상을 형성하고 상징화로 나갈 수 있음을 생각해 볼 때 발달을 가능하게 하는 근원적 기능이라고 할 수 있다.

앙지외와 빅의 논의에 따르면 아기는 처음에 피부 없이 태어나는 존재라고 볼 수 있다. 왜냐하면 아직 대상에 대한 인식이 없으므로 자신의 신체에 대한 인식이 없고 자신의 경계면에 대한 인식이 없기 때문이다. 이때 아기가 자신의 신체를 인식할 수 있는 방법은 대상과의 피부접촉이며, 이를 통해 감각을 유입하면서 비로소 자신의 피부와 경계면을 인식할 수 있게 된다. 이렇게 실제적 피부와 경계면을 인식함으로써 아기에게 외부와 구별된 자아가 형성되기 시작한다고 볼 수 있다. 이렇게 일차적 피부형성 또는 피부 자아의 구성에서 대상과의 분리는 주체가 자아를 발달시켜 나가는 데 필수적 과정이라고 할 수 있는데, 이는 내사할 대상 없이는 성취할 수 없는 과정이다. 아기 스스로는 성취할 수 없으며 반드시 살아있는 대상의 보살핌을 통해 획득이 가능한 것이다. 그러므로 이러한 외부 환경으로서의 대상이 적절히 기능하지 못할 경우 아기는 다른 방법을 취할 수밖에 없을 것이다. 무(無)에 처하는 상황에 직면해서 아기는 살아남기 위해 피부를 형성하려 할 것이며 이는 필연적으로 대상을 찾게 만든다고 볼 수 있다. 이는 인간이 대상을 추구하는 근원적 경향을 가지고 있는 것을 생각해 볼 때, 향성을 투사할 살아있는 대상을 갖지 못한 유아가 그것을 대신할 대상을 찾는다고 추측할 수 있다.

자폐적 대상과 이차적 피부 형성

빅과 앙지외는 이러한 심리적 피부형성이 잘못될 가능성에 대해 이야기한다. 이는 일차적으로 대상의 피부를 내사하는 과정에서의 어긋남으로 인해 일어날 수 있다. 즉 첫 번째 대상의 피부 기능을 내사하지 못한 결과 아기의 일차적 피부가 형성되기 어려웠다는 것이다. 안아주고 담아주는 대상 측에서의 문제이든 혹은 아기 측에서의 예민함과 미성숙의 문제이든 또는 이 둘이 결합된 문제이든 일차적 피부형성과 피부자아의 형성과정에서 어떤 것이 어긋나 버리면 아기는 자신의 피부를 형성할 수 없게 되거나 매우 불안정하게 형성하게 된다(Alvarez, 2006, p. 41). 빅은 자신이 구멍 난 감자자루 같다고 이야기 한 메리와 항상 옷과 신발을 꽉 매달라고 한 질의 사례를 통해 일차적 피부 형성이 잘못된 경우를 이야기한다(Bick, 1968, p. 485). 또한 알바레즈(Anne Alvarez)는 자신의 내면세계를 '구멍 뚫린 그물'로 표현한 사례에 대해 말하는데, 이 또한 일차적 피부가 불완전하게 형성된 경우라고 할 수 있다(Alvarez, 2006, p. 41).

이러한 일차적 피부의 손상은 대상에의 의존이 유사-독립에 의해 대체되는 "이차적 피부"를 형성하는 쪽으로 나갈 수 있다(Bick, 1968, p. 484). "이는 피부의 담는 기능의 대체품을 만들어내는 것이 목적"(Bick, 1968, p. 484)이라고 말한다. 담아주는 일차적 피부의 균열 혹은 구멍과 같은 심각한 결여를 만회하기 위해 만들어진 이차적 피부는(Anzieu, 2013, p. 303) 과도한 불안에 휩쓸리는 것을 막기 위해 아기 자신이 만들어 낸 보호 장치(Mitrani, 2015, p. 17)이다. 담아주는 대상을 통해 획득했어야 할 피부를 그렇지 못한 상황에서 아기가 절박한 생존의 위험에 처해 스스로 획득한 피부가 이차적 피부라는 것이다. 보통의 경우 환경으로서의 대상이 담당했어야(Winnicott, 2011, p. 478) 할 기능을 아기 스스로 해내는 것이라고 볼 수 있다.

그렇다면 아기는 어떤 방식으로 이차적 피부를 형성할 수 있을까? 위에서 본 바와 같이 일반적인 경우 아기들은 엄마라는 대상의 피부를 내사해 자신의 것으로 만드는 과정을 거친다(Bick,

1968, p. 484). 이것에 대해 앙지외는 대상에 대한 일차적 동일시를 통해 형성되는 것이라고 말하며 매달리기 욕동의 충족이라고 말한다(Anzieu, 2013, p. 169). 또한 빅은 점착성 동일시라는 개념을 이야기하는데, 이는 "아이의 삶이 액체처럼 흘러내리게 만드는, 찢겨 갈라지는 경험에 직면해서, 필사적으로 표면에 달라붙으려는 시도"라고 말한다(Bick, 1986, p. 293). 여기서 표면은 엄마의 몸을 표상한다는 것을 여러 사례를 통해 예시하고 있다. 즉 아기는 엄마 몸을 표상하는 대상의 표면에 달라붙어, 그 표면의 감각을 자신의 것으로 취하여 이차적 피부를 형성하는 것이다.

멜처(Meltzer)는 'Adhesive identification'(Meltzer, 1975)라는 논문에서 빅의 이차적 피부에 대해 논의 했다. 또한 그는 자폐 아동에 대한 연구에서 점착성 동일시라는 일종의 방어기제를 발견했다. 그는 자폐 아동들이 공간에 대한 인식 없이 2차원의 표면만 존재하는 듯 행동한다는 것을 관찰했는데, 이것을 일차적 피부 기능의 부재의 결과로 내부와 외부, 내적공간과 외적공간의 분리하는 경계선에 관한 개념을 갖고 있지 않은 것으로 보았다. 또한 자폐 아동들이 타자와의 관계에서 주로 모방을 사용하고, 내사나 투사를 할 줄 모르며 상호성이 결여되어 있는 것을 관찰했다. 이는 심리적 공간이 형성되지 않았음을 암시한다.

빅과 멜처의 점착성 동일시에 대한 설명을 살펴보면 점착성 동일시는 대상의 표면에만 관여한다는 것을 알 수 있다. 점착성 동일시는 대상과의 정서적 과정인 담아주기의 내사가 없고 단지 표면과 동일시하기 때문에 내부에 공간을 발생시키지 않는다는 것이다. 점착성 동일시에 있어 택해지는 대상들은 살아있는 대상이 아니거나, 주체에 의해 죽어 있는 대상으로 여겨진다. 대상들이 사물로 여겨진다고 볼 수 있다. 살아있는 대상과의 초기 관계에서 외상을 입은, 다시 말해 전능성과 존재의 연속성에 대한 극복할 수 없는 실패를 맛본 자폐 아동은 자신의 피부를 스스로 만들기 위해 자신이 통제할 수 있는 대상에게서 그 재료를 취한다고 추측할 수 있다. 특히 단단한 대상들은 자신의 근육의 느낌과 비슷하며, 단단한 특성으로 인해 흩어지려는 몸과 마음을 단단히 묶어 줄 수 있을 것이라고 여겨진다. 또한 그것들은 기다릴 필요가 없이 손에 쥐고 있는 것만으로 계속해서 그러한 감각을 제공하며 자신이 일정 정도 통제할 수 있어서 갑자기 사라지지도 않는다. 여기서 자폐적 대상이 출현하는 것이라고 추측할 수 있다.

후에 빅은 자폐 아동이 동일시 능력이 없다는 것을 반영하여 점착성 정체성이라는 용어로 바꾸어 부른다. 터스틴은 빅이 사용한 점착성 동일시라는 용어보다는 점착성 동등시라는 용어를 제안했는데(Tustin, 1990, p. 88), 그녀는 이 용어가 자폐적 껍질이 만들어지는 병리적 과정을 더 잘 서술해 준다고 보았다(Mitrani, 2015, p. 33).

이렇게 대상의 표면의 감각을 취하여 자신의 피부를 만드는 것은 자폐 아동이 자폐적 대상을 이용하는 방식이라고 할 수 있다. 자폐적 대상의 감각을 취함으로써 비통합 상태의 자신을 잠시나마 통합하고, 블랙홀 속으로 사라지려는 위험 속에서 잠시나마 안정을 취할 수 있게 된다. 즉 자폐적 대상을 통해 존재의 연속성을 유지할 수 있게 되는 것이다. 이런 안정감을 획득하는 방식은 결코 좋은 방법이 아니지만, 유아의 입장에서는 생존의 위협 앞에서 선택할 수 있는 최선이었을 것이다. 이렇게 대상의 표면을 취하는 방식을 터스틴은 점착성 동등시라고 부른다.

자폐적 대상과의 점착성 동등시

점착성 동등시라는 개념은 빅의 점착성 동일시에 기반을 둔 것으로 자폐아동과 그 어머니의 관계를 나타내는 것을 지칭한다. 자폐아동과 어머니는 서로 분리되어 있는 것처럼 보이지만, 실제로 그들은 병리적으로 '하나 된' 상태에 있는데 그들에게 어머니는 일종의 자폐적 대상으로 접착되어 있거나 동일하다고 느낀다(Tustin, 1990, p. 87). 즉 자폐 아동들은 어머니와 동일시[20]하지 않고 어머니와 융합되어 있다고 느끼면서 동등시[21] 한다. 따라서 어머니와 분리되었다는 감정이나 인식을 차단하는데 터스틴은 이것을 '점착성 동등시' 또는 '점착성 동일성'이라고 부르며 존재의 감각을 확립하는 데 사용된다(Tustin, 1990, p. 88).

프랜시스 터스틴은 자폐적 대상들에 대한 논의에서, 만성적으로 "통합되지 않은 아동들"(Tustin, 1986, p. 127)은 담아주는 대상이 부재할 경우, 자신의 신체가 해체되거나 사라져 버릴 것 같은 극심한 공포를 단단한 물건의 표면에 달라붙어있다는 감각을 만들어냄으로써 진정시킨다고 말했다(Mitrani, 2015, p. 33). 이러한 감각은 아동이 대상의 표면과 동등시함에 따라 일시적이지만 즉각적으로 신체적인 연속성과 안전감을 제공하기 때문에 자폐 아동은 계속해서 이러한 양태를 추구하게 된다(Mitrani, 2015, p. 33). 이것은 어머니와의 분리에서 생긴 외상을 다시 느끼지 않으려는 것으로 대상의 표면에 달라붙어 그 감각을 취함으로써 유아는 살아있는 대상에게서 느낄 수 없었던 안정감을 획득하려 하며, 이 안정감은 유아가 대상의 표면과의 점착성 동등시를 통해 융합되는 것에 기반을 두는 것으로 생각할 수 있다.

가디니는 이것을 "융합적 모방"이라고 부르며, 이를 통해 "마술적으로 얻어낸, 대리적 정체성을 얻으려는 시도"(Gaddini, 1969, p. 478)라고 말한다. 이는 빅의 이차적 피부의 형성과 비슷하다고 볼 수 있으며, 더 나아가 자폐 아동이 자폐적 대상을 통해 얻으려는 것이 무엇인지 설명해 준다.

이렇게 자폐적 대상의 표면과 "점착성 동등시"로 혹은 "융합적 모방"으로 획득한 "이차적 피부"는 원래 획득했어야 하는 "일차적 피부"를 모방하기 위한 시도라고 할 수 있다. 따라서 일차적 피부가 가진 기능들도 모방한다고 볼 수 있다. 즉 비통합 상태를 통합시키는 기능(Bick, 1968, p. 484)과 외부와의 분리를 통해 존재의 연속성을 확인시켜주는 것을 모방하는 것이다. 그리고 앙지외가 말한 피부자아의 세 가지 기능(Anzieu, 2013, pp. 83~84) 또한 모방한다고 볼 수 있다. 그러나 모방을 한 대상이 일반적 대상이 아님으로 인해 이러한 기능들은 병리적일 수밖에 없다. 따라서 통합은 일시적일 수밖에 없으며 분리는 탄력적이지 못하다. 터스틴은 이에 대해 이렇게 말한다.

> 융합적 모방에서 아동의 신체는 "자폐적 대상들"과 융합된 것처럼 보인다는 점에서, 그런 대상들은 일반적 의미에서의 "대상"의 지위에 도달하지 못했음을 인식하는 것이 중요하다... 이것들은 또한 위니캇이 말하는.... 지속적인 심리적 발달을 촉진할 수 있는 "중간 대상들"과 구분할 필요가 있다 (Tustin, 1986, p. 128)

"인간 대상에 대한 어느 정도의 인식과, 개인적 존재에 대한 감각이 안전하게 확립될 때까지는, 진정한 의미에서의 관계의 발달은 있을 수 없을 것이다. 오직 인간과의 관계만을 통해서만 내적 공간에 대한 감각이 발달할 수 있으며 이런 내적 공간이 없이는, 대상의 안으로 들어가는 환상이 발생할 수 없고, 그 결과 아마도 대상과의 하나됨, 동등시됨, 연속체로 유지됨 등에 대한 집요한 감각이 지배할 것이다."(Mitrani, 2015, p. 40)

따라서 자폐적 대상과의 점착성 동등시는 표면에 달라붙는 특성으로 인해 공간을 발생시킬 수 없으며, 외부와 소통할 수 없게 되고 그로인해 병리적 하나 됨의 상태를 유지하게 된다. 그러한 병리적인 "하나 됨"의 상태는 신체적 분리를 외상적 사건으로 만들고 따라서 심리적 실존을 획득하게 하는 심리적 탄생이 일어나기 힘들게 된다(Mitrani, 2015, p. 40).

그러나 자폐적 대상과의 점착성 동등시는 일반적인 대상과의 관계가 실패한 지점에서 야기된 것임을 상기해야 한다. 일반적인 대상과의 관계에서 획득할 수 없었던 일차적 피부를 자폐적 대상과의 병리적 관계를 통해 그와 비슷한 이차적 피부를 획득하려 한 것임을 생각해 볼 때, 이는 존재의 연속성을 획득하기 위한 주체의 해결책이라고 할 수 있다.

최초의 타자이자 살아있는 대상인 모성적 대상과의 관계는 그것이 최초의 경험임으로 인해 앞으로 주체의 삶을 조직하는 구심점이 된다. 최초의 대상이 어떠한 대상이었는지, 그 대상과의 관계가 어떠했는지는 삶의 핵을 구성하며 삶을 조직하는 방식을 결정짓기도 하고, 앞으로의 모든 대상관계에 영향을 미친다. 따라서 일반적인 경우 살아있는 최초의 타자이자 대상인 어머니를 통해서 존재의 연속성을 획득하며 심리적 성장을 해나가야 할 아기가 그럴 수 없을 경우 소멸할 위협 앞에 아기 스스로 그 과정을 해나가려 할 것이며(Winnicott, 2011, p. 478) 이 과정에서 아기는 최초의 대상을 대신할 대상을 찾는다고 가정할 수 있다. 그러나 통제할 수 없는 살아있는 대상에게서 외상을 맛보았기 때문에 아기는 자신이 통제 가능한 대상을 찾으려 할 것이다. 따라서 그 대상은 일반적인 대상이 아닐 수 있으며, 혹은 일반적 대상이라 하더라도 그 대상과의 관계가 일반적이지 않을 수 있다. 대상에 대한 관계와 사용이 병리적일 수 있으며 이것이 자폐적 대상이 함의하는 바라고 할 수 있다.

자폐적 대상과의 관계 양태

자폐 아동과 자폐적 대상과의 관계는 일반적이라고 생각되는 대상관계를 따르지 않는다. 자폐적 대상과의 관계를 대상과의 자폐적 관계라고 볼 때 이것은 존재의 방식과 연관이 있다고 볼 수 있다. 이것은 빅이 점착성 동일시(Bick, 1986, p. 293)이라고 부른 것, 그리고 터스틴이 점착성 동등시(Tustin, 1990, p. 88)라 부른 것 속에서 맺는 관계로, 일반적인 대상관계와 다르다는 것을 알 수 있다. 이러한 존재 양태는 그 특성상 내적공간을 발생시키지 못함으로 인해 진정한 대상관계를 발달시키지 못하고(Mitrani, 2015, p. 40) 그러므로 이후의 발달적 성취를 방해한다. 미트라니는 이러한 관계 양태를 설명하기 위해 "점착성 유사-대상관계"라는 용어를 도입한다.

> "이것은 진정한 동일시보다는 점착성 동일시 또는 점착성 동등시가 지배하는 존재 양태로 주체와 대상이 철저하게 겹치고, 지속적이며, 만성적이어서 "타자성"과 "공간"의 개념이 거의 혹은 전혀 관련성을 갖지 못하는 대상관계 형태를 지

칭한다. 이러한 존재 양태 안에 있는 동안, 공간과 타자성에 대한 인식은 주체로 하여금 파국에 대한 감당할 수 없는 두려움과, 취약한 "존재의 연속성"의 느낌이 야기하는 위협을 직면하게 만들 뿐이다. 이러한 존재 양태에서는 공간은 터스틴의 환자인 존이 이야기한 '블랙홀'로 경험되며 이는 존재를 위협하는 경험으로서, 주체에게 공간은 어떤 대가를 치르더라도 인식으로부터 지워져야만 한다."(Mitrani, 2015, pp. 204~205)

"점착성 유사-대상관계"의 특성을 살펴보면, 먼저 이 관계 양태에서 대상들은 존재함의 안정감을 얻고자 하는 절박한 시도에 의해 살아있는 실제적 인간이 아닌 "사물들"로 경험되는데, 이러한 대상들은 타자에게서만 관찰될 수 있다(Mitrani, 2015, p. 206). 다음으로 이 관계 양태에서 주체와 대상은 분리되지 않은 상태이며 따라서 주체에게 대상과의 관계는 감각적인 수준에 머무른다. 이 때 주체가 피부 표면에서 느끼는 대상의 감각은, 불안을 회피하거나 차단하는 방식으로 이용됨으로써 안전한 감각을 제공하며 이는 마비나 진정의 효과를 낳는다(Mitrani, 2015, p. 206). 그러므로 주체는 대상의 표면에 달라붙어 그러한 감각을 끊임없이 취하려 한다(Mitrani, 1992, p. 208). 이것은 분리와 상실에 대한 감각을 회피하는 방식으로 자아는 주로 비통합 상태에서 존재하며(Mitrani, 2015, p. 207) 따라서 정신적인 작용은 거의 없다(Mitrani,

2015, p. 208). 마지막으로 점착성 상태에서 전능감이 무너지면 주체는 파국적 느낌과 함께 멸절의 위기에 처하게 되는데 이것을 대상 상실이 아닌 "비참함"의 현존으로 경험하게 된다(Mitrani, 2015, p. 208).

이 "점착성 유사-대상관계"에 대한 특징을 살펴보면 자폐 아동이 자폐적 대상을 사용하는 방식과 관계 맺는 양식이 유사하다는 것을 알 수 있다. 자폐적 대상의 표면과 동등시하여 하나됨의 상태를 유지하는 것으로(Tustin, 1990, p. 88) 분리의 파국적 불안으로부터 자신을 보호하는 측면에서 특히 그러하다. 따라서 자폐적 대상과 주체의 관계 양식을 지칭하는 용어로 "점착성 유사-대상관계"를 사용할 수 있다.

일반적 대상과의 관계와 자폐적 대상과의 관계는 그 과정이나 대상과의 특성, 대상과의 관계에 따른 결과가 매우 다르다. 그럼에도 겉으로 보기에 비슷해 보이는 경우가 있다. 특히 중간 대상과 자폐적 대상이 혼동되기도 하는데, 그 이유는 두 대상에 유아가 모두 집착하는 것으로 보이기 때문이다. 그러나 중간 대상은 일반적 발달에 나타나는 현상이며, 자폐적 대상은 자폐 아동에게서 관찰되는 것으로 이 둘에 대한 구분은 임상에서 중요하다고 생각한다. 따라서 위니캇이 말한 주관적 대상과 중간 대상 그리고 터스틴이 말한 혼동된 대상과 자폐적 대상의 비교를 통해 자폐 아동들이 보이는 대상과의 관계가 어떠한지 살펴보고자 한다.

주관적 대상 · 중간대상 · 혼동된 대상 대 자폐적 대상

대상이라는 말은 학자들마다 학파들마다 다른 의미들을 내포하고 있지만, 위니캇에게 있어서 대상은 상상이나 표상의 산물이기 전에 실제로 존재하는 실체를 가진 외적 대상을 의미한다(Winnicott, 2011, p. 449). 위니캇은 주관적 대상(Winnicott, 1970, p. 152)과 중간 대상(Winnicott, 1953, p. 89)이라는 개념을 도입하는데, 이 두 대상은 아이의 발달에 따라 차례로 나타나게 된다(Lefe'vrer, 2011, p. 83).

주관적 대상, 중간 대상, 혼동된 대상과 자폐적 대상의 비교는 아동이 발달 과정에서 대상과 관계 맺는 형식이 나타내는 것을 통해 자폐적 대상의 변화 가능성을 타진해 보고자 함이다. 혹은 그 변화가 불가능하다면 자폐적 대상이 자폐아동의 삶에 어떤 의미와 역할을 가지고 있는지를 파악해 자폐적 대상을 통해 주체의 삶이 주변과 긍정적 관계로 변화할 수 있는지에 대한 가능성을 보고자 함이다.

(1) 주관적 대상 Subjective Object 대 자폐적 대상

유아의 초기 발달 단계에서 유아는 '나'와 '나-아닌' 것의 구별이 없는 단계에서 점차 구별을 인식하는 단계로 넘어간다. 그러므로 초기 대상과의 관계에서 유아는 대상을 자신과 구별하지 못한다. 위니캇은 이 초기 대상을 "주관적 대상"이라고 말하며, 이 대상은 "객관적으로 지각된 대상"과 대조를 이룬다(Davis, 1981, p. 58). 위니캇은 "주관적 대상은 아직 '나 아닌' 현상으로 분류되어 거부당하지 않는 대상을 가리킨다."고 말한다(Winnicott, 1970, p. 152). 초기 유아는 자신에게 완벽히 적응해주는 엄마로 인해 자신이 전능하다고 느낀다. 자신이 필요할 때 젖가슴이 나타나고 젖병이 나타나기 때문에 그것은 외부에서 주어진 대상이라기보다 유아 자신이 만들어낸 자기 몸의 연장선이다. 그렇기 때문에 이것은 '나-대상'이라고 볼 수 있다. 외부에서 보면 실제로 존재하는 대상이긴 하지만, 아기는 아직 대상에 대한 인식이 없으므로, 아기의 입장에서 그것들은 자신이 만들어낸 것이 되고, 따라서 그 대상들은 주관적 대상이다(Lefe'vrer, 2011, p. 86).

서로 혼동되기 쉬운 주관적 대상과 자폐적 대상은 구분될 필요가 있다. 유아 자신의 신체의 연장성이라는 측면에서는 동일할 수 있지만, 주관적 대상은 환상의 측면을 포함하고 있는 반면에, 자폐적 대상은 환상의 창조물이라고 보기 어렵다. 더불어 주관적 대상은 실제적 대상이 아기에게 완벽하게 적응해 준 결과이므로 그것의 실패의 산물인 자폐적 대상과는 다르다고 할 수 있다. 그러나 이 주관적 대상은 매우 초기에 나타나므로 외부 관찰자에게는 구분되기 어렵다.

(2) 중간대상 Transitional Object 대 자폐적 대상

위니캇은 출산 전 자궁 내에서 중간대상의 원형이라고 볼 수 있는 “중간막” 경험을 한다고 말하였는데, 태반, 자궁내막, 양수로 구성된 “중간막”은 어머니와 태아 각자의 것이기도 하면서 모두에게 속한 것이며 둘을 분리하는 역할도 한다(Lefe'vrer, 2011, pp. 83~84). 이렇게 볼 때 중간 대상의 가장 큰 특징은 ‘나’와 ‘나-아닌’ 것을 일정 부분 포함하면서 분리하는 역할일 것이다.

위니캇은 중간대상을 설명하는 글에서 자신은 첫 대상을 연구하는 것이 아니라, 아기의 첫 소유물에 관심이 있으며, 주관적 세계와 객관적으로 지각된 것 사이의 중간영역에 관심을 갖는다고 말한다(Winnicott, 1953, p. 89). 즉, 중간대상은 ‘나’와 ‘나-아닌’ 것 그리고 주관적 세계와 객관적 세계의 중간 지대, 나와 타자를 연결하면서 분리하는 실제적 대상에 대한 명칭이라고 할 수 있다.

중간대상은 실제적으로 관찰 가능한 대상인데 아동이 손에서 놓지 않거나 늘 지니고 다니려 하는 부드러운 인형이나 담요 같은 것을 예로 들 수 있다(Winnicott, 1971, p. 17). 이 대상들이 가지는 촉감과 냄새는 중요한 요소이기 때문에 세탁을 하는 것을 싫어하기도 하는데, 이것은 경험의 연속성을 깨뜨리기 때문이다(Winnicott, 1971, pp. 17~18). 여기서의 경험은 엄마에 대한 아기의 경험으로 중간 대상은 어머니와 아기를 동시에 나타내는 것이라 할 수 있다(Lefe'vrer, 2011, p. 86). 따라서 중간 대상은 불안이 발생할 때 아동을 위로하는 기능을 갖고 있으며(Winnicott, 1971, p. 17), 달래주고 안심시키는 기능을 가지고 있다(Lefe'vrer, 2011, p. 89).

중간대상의 사용은 아이가 상징을 사용할 수 있고 놀이를 할 수 있다는 것을 의미한다(Winnicott, 1997, p. 20). 이것은 환상의 영역으로 들어가게 되었다는 것을 말하며 이는 중간현상을 말하는 것이기도 하다. 그러나 중요한 것은 환상의 영역이긴 하지만 실재하는 대상이 있다는 것이다. 여기서 대상은 주관적 대상에서처럼 '나-아닌' 것을 지각하지 못하는 것이 아니라, 지각하고 있는 대상이다. 중간대상은 내적 대상이나 외적 대상 어느 한쪽이라고 말할 수 없으며 이 둘을 다 포함한다고 볼 수 있다. 중간대상은 "외적인" 젖가슴과 "내적인" 젖가슴을 동시에 표상한다. 중간대상은 내적 대상처럼 마술적 통제에 있지 않으면서, 통제 바깥에 있지도 않다(Winnicott, 1997, p. 26).

따라서 중간대상이 다른 대상들과 가장 구별되는 중요한 특징은, 중간대상은 외부 현실과 유아의 정신을 연결하는 요소 중 하나이며(Lefe'vrer, 2011, p. 89) 엄마와 아이 두 세계의 결합을 의미하면서 동시에 분리를 의미한다는 것이다. 즉 유아가 엄마를 대상으로 인식하고 외부 세계로 나아가는 과정에서 필요한 대상이며, 이 대상들은 아이가 성장함에 따라 자연스럽게 그 의미가 소멸되고 다른 중간현상들로 대체된다(Winnicott, 1997, p. 20).

지금까지 살펴본 중간대상의 특성에서 자폐적 대상과 공통된 부분은 아동이 손에 놓지 않고 지니고 다니려 한다는 것이며 관찰이 가능하다는 것이다. 이것은 자폐적 대상과 중간대상을 혼동하게 만들기도 하는 부분이다. 그러나 그 외의 다른 측면들은 중간대상과 자폐적 대상은 확연한 차이를 보여 준다. 중간대상이 일반적인 발달 단계에서 가지게 되는 대상이라면, 자폐적 대상은 병리적인 측면을 많이 가지고 있다. 중간대상이 엄마와 아이의 중간적 매개물로 엄마의 일정 부분과 아이의 일정 부분을 공통으로 표상하고 있으면서 각각을 개별로 존재하게 한다면, 자폐적 대상은 개별 존재를 인정하지 않는다. 중간대상이 불안을 달래주고 안심시켜 외부 세계를 받아들이는 역할을 한다면, 자폐적 대상은 불안을 막아 주긴 하지만 외부 세계로부터 회피하여 접촉을 차단하는 기능을 가지고 있다. 또한 중간대상이 상징의 사용을 촉진한다면 자폐적 대상은 분리를 막아 엄마와 아이 사이의 공간을 도입하지 못함으로써 상징의 형성을 가로막는다고 할 수 있다. 따라서 중간대상이 아이의 발달의 여정에서 하나의 문을 열어주는 역할을 한다면 자폐적 대상은 문을 닫는 역할을 한다고 말할 수 있다.

터스틴은 치료가 진전되면서 자폐 아동에게 '나'와 '나 아닌 것'을 인식하기 시작하면 놀이에서 중간대상이 나타나기도 한다고 말한다(Tustin, 1990, p. 41). 이것은 자폐적 대상의 변화 가능성을 시사하는 것이라고 볼 수 있다.

중간대상과 자폐적 대상의 혼합처럼 보이는 대상이 있는데, 터스틴은 이것을 혼동된 대상이라고 부른다.

(3) 혼동된 대상 Confusional objects 대 자폐적 대상

자폐적 대상이 아동의 첫 번째 '나' 소유물이고 중간대상이 아동의 첫 번째 '나-아닌' 소유물이라면 혼동된 대상은 이 둘의 혼재되어 있음을 나타낸다(Tustin, 1992, p. 127)

혼동된 대상의 특징은 중간대상처럼 부드러운 대상이면서 동시에 자폐적 대상처럼 각각의 아이들에게 고유한 방식으로 사용된다는 것이다(Tustin, 1992, p. 127). 따라서 혼동된 대상은 어떤 때는 중간대상으로, 어떤 때는 자폐적 대상으로 종종 오인된다. 그러므로 중간대상과 자폐적 대상 그리고 혼동된 대상의 유사점과 차이점을 구별하는 것은 임상에서 중요해 보인다.

중간대상이 돌봐주는 엄마의 돌봄에 대한 흔적을 간직하면서 엄마와의 분리를 돕고 있다면, 혼동된 대상들은 강박적이고 감각-지배적인 방식으로 사용됨으로 인해 부모의 돌봄과 분리에 대한 지각을 느끼지 못하도록 만든다(Tustin, 1992, p. 128). 혼동된 대상과 자폐적 대상은 양쪽 다 일상적인 삶에서의 추억이나 기억과는 관련이 없지만, 중간대상은 관련이 있다(Tustin, 1992, p. 132). 자폐적 대상과 혼동된 대상은 부모의 '안아주는' 특성을 대신하지만, 중간대상처럼 임시적 대체물이 아닌 지속적인 대체물로 기능하면서 부모와의 접촉을 가로막는다(Tustin, 1992, p. 132). 또한 혼동된 대상과 자폐적 대상은 외부 세계를 회피하게 만든다

(Tustin, 1992, p. 132). 중간대상이 엄마와의 일시적 분리에서 오는 불안을 감소시키고, 견디게 해주고, 엄마를 기다리게 해주는 역할을 한다면, 혼동된 대상과 자폐적 대상은 그러한 불안에서 아동들을 즉시 회피하게 만들어 엄마의 양육을 필요 없는 것으로 만든다. 즉, 중간대상이 아동과 외부 세계를 이어주는 다리 역할을 한다면 혼동된 대상과 자폐적 대상은 방해물로 작용한다.(Tustin, 1992, p. 132) 이런 특성들을 보면 혼동된 대상과 자폐적 대상은 비슷해 보이지만 중요한 차이점이 있다.

중요한 차이점은 자폐적 대상이 안과 밖의 두 가지 차원에서 작동한다면, 혼동된 대상은 안과 밖 그리고 그것의 혼동을 포함한 세 가지 차원에서 작동한다는 것이다(Tustin, 1992, p. 133). 즉 자폐적 대상이 '나-아닌' 것에 대한 지각을 차단한다면, 혼동된 대상은 '나-아닌' 지각을 희미하게 간직하고 있다(Tustin, 1992, p. 134).

혼동된 대상은 중간 대상과 공유되는 특징이 있는데, 부드러운 대상이라는 것과 '나'와 '나-아닌'것의 차이를 인식하고 있다는 것이다. 다른 한편, 자폐적 대상과 공유되는 특징은 그것이 감각지배적인 방식으로 사용되고 외부 세계와 소통에 있어 방해물로 작용하며 회피적인 방식으로 사용된다는 것이다.

그러나 혼동된 대상이 자폐적 대상과 마찬가지로 병리적 대상으로 보일지라도, 중요한 사실은 '나-아닌' 것에 대한 희미한 지각을 포함하고 있다는 것이다. 이것은 혼동된 대상이 중간대상으로 변형될 수 있는 가능성을 내포하고 있는 것이라 볼 수 있다. 외관상 혼동된 대상을 자폐적 대상과 구분하는 것은 매우 어려운 일이겠지만, 치료사가 섬세한 관찰을 통해 이를 분별해 내고 도움을 주는 것은 아동이 혼동된 상태에서 벗어나 발달을 성취할 수 있는 중요한 일이 될 수도 있다.

3. 자폐적 대상의 의미와 역할

"자폐 아동에게 있어 자폐적 대상의 가장 큰 의미는 분리에 따른 파국적 불안의 감소와 일시적인 존재의 회복성이다(Tustin, 1980, p. 30)." 일반적 발달 과정에서 초기 대상과의 관계를 통해 존재의 연속성을 획득하고, 안아주고 담아주는 대상과의 관계로 인해 불안을 감소시키고 다루는 것을 배우게 된다. 그러나 아기의 과민성 때문이든 초기 대상 측에서의 어려움이든 혹은 두 가지의 결합이든 또는 원인을 알 수 없는 여러 가지 이유에서 이러한 관계의 획득에 실패한 자폐 아동은 이를 보상하기 위해 자폐적 대상과 "점착성 유사-대상 관계"를 취하게 된다. 따라서 자폐적 대상은 살아있는 대상을 대체하는 것으로 자폐 아동에게 존재의 연속성과 마술적인 대리적 정체성을 얻게 하는 대상이라고 볼 수 있다. 그러나 터스틴의 말 대로 일반적 의미에서의 '대상'이라고 볼 수는 없다(Tustin, 1986, p. 128).

이것은 대상 없이는 생존할 수 없는 인간으로서 취할 수 있는 어쩔 수 없는 선택의 결과일 것이다. 그러나 외상적 경험에 맞서는 유아의 선택은 자신이 유도하지 않았던 결과를 도출하며 발달에 긍정적 부정적 영향을 끼치게 된다. 터스틴은 자폐적 대상의 의미와 역할에 대해 긍정적인 면과 부정적인 면을 기술하고 있다.

먼저 긍정적 역할을 살펴보면 자폐적 대상은 분리에 따른 외상적 상황에 대한 불안을 감소시키며 피난처로 사용되고(Tustin, 1980, p. 30, 32) 아동을 공포로부터 보호하는 작용을 한다(Tustin, 1990, p. 117). 즉 자폐적 대상이 아동의 신체 상실과 멸절의 위험을 차단하는(Tustin, 1980, p. 29) 작용을 하는 것이다. 그러므로 자폐아동이 자폐적 대상을 사용하는 것은 최선의 반응이었다(Tustin, 1990, p. 117). 또한 자폐적 대상은 자폐 아동에게 존재감과 '존재의 연속성'을 제공하여, 존재와 안전을 위협하는 것으로 느껴지는 '나 아닌' 위험한 대상을 인식하는 스트레스를 차단하는 역할을 함으로써 안전감을 제공한다(Tustin, 1990, p. 124). 이를 바탕으로 자폐 아동은 자신이 존재한다는 사실을 얻고 제한된 삶을 살 수 있다.

또한 터스틴은 데이비드 로젠펄드(David Rosenfeld)의 말을 빌어 자폐증과 자폐적 조직들은 보존하는 기능을 가지고 있다고 말한다(Tustin, 1990, p. 62, p. 117). 특히 자폐 껍질은 분리에 대한 외상들을 보존함으로써 치료과정에서 자폐 껍질이 완화될 때 외상적 경험을 다시 반복함으로써 수정되고 치료될 기회를 제공한다(Tustin, 1990, p. 62). 그러므로 자폐 껍질이 자폐적 대상의 촉감적 환각을 사용해서 만들어졌다는 것을(Tustin, 1990, p. 60) 고려해보면 자폐적 대상도 그러한 기능을 가지고 있다고 추측할 수 있다.

터스틴은 자폐 아동이 자폐적 대상을 사용함으로써 발달에 어떠한 부정적 영향을 미치는지에 대해 많은 관찰을 했고 이를 집중적으로 논의했다.

자폐적 대상을 사용함으로써 자폐 아동에게 미치는 가장 큰 부정적 영향은 분리에 대한 인식을 감소시킨다는 것이다(Tustin, 1980, p. 30). 분리는 잃어버리는 것을 경험하는 것으로 시작되는데, 자폐 아동은 잃어버린 자리를 자폐적 대상으로 막아버리기 때문에 잃어버리는 경험을 하기 어렵다(Tustin, 1980, p. 34, 1990, p. 116). 분리의 결과로 생기는 공간과 결핍에 대한 지각은 불만족을 가져오고 이를 보상하기 위해 유아는 심리적 정신적 활동(예를 들어 사고, 기억, 환상의 생산 등)을 시작하는데, 자폐적 대상은 이 공간과 결핍에 대한 지각을 차단함으로써 이러한 활동을 어렵게 만든다(Hagg, 1994, p. 115) 이 공간을 유아가 기다리고 견딜 수 있을 때 심리적, 정신적 발달은 시작된다. 이러한 분리에 대한 인식을 정지시킴으로써 다음과 같은 부정적 결과들이 도출된다.

첫째, 자폐적 대상은 타자와 분리된 개별적 존재로 '느끼기' 위해서 반드시 필요한 신체적 분리에 대한 인식을 방해하는데 '나

아닌 것'에 대한 인식을 완전히 차단해 버리면서(Tustin, 1990, p. 41), 제한된 영역 바깥의 모든 것을 존재하지 않는 것으로 만든다(Tustin, 1990, p. 49). 또한 외부에 대한 인식을 차단할 뿐만 아니라, 내부의 감각도 차단하는 역할을 하는데, 그럼으로써 유아는 타자를 필요로 하게 만드는 유아 자신의 취약성과 민감성을 사용하지 못하게 된다(Tustin, 1990, p. 40). 이는 자폐적 대상이 자신의 신체 일부로 느껴지면서 항상 존재하는 것으로 느껴져서 공간에 대한 감각을 차단하기 때문이다(Tustin, 1990, p. 76, p. 123).

둘째, 자폐 아동은 자폐적 대상과 자폐적 형태와 같은 주관적 촉감 현상에 지나치게 집중하기 때문에 보다 정상적이고 객관적인 것들에 대한 감각을 인식하지 못하게 된다(Tustin, 1990, p. 31). 따라서 지각과 개념을 형성하는 과정에 방해받음으로써(Tustin, 1990, p. 74) 정서발달과 인지발달이 지체되는 현상을 가져오게 된다(Tustin, 1990, p. 125).

셋째, 자폐적 대상의 사용으로 인해 상징의 형성이 어렵다. 상징이 형성되기 위해서, 아동은 자신이 외부세계로부터 신체적으로 분리되어 있다는 느낌과 그에 따른 결핍과 상실감, 그로인해 대상이 필요하다는 느낌을 가져야만 한다(Tustin, 1990, p. 74). 그러나 자폐 대상은 그러한 인식을 차단하면서(Tustin, 1990, p. 74) 동시에 즉각적인 만족을 줌으로써 상징적인 활동을 방해한다(Tustin, 1980, p. 29).

넷째, 따라서 상상력이 발달하기 어렵다(Tustin, 1990, p. 128).

"상상력의 발달은 대상의 부재를 견뎌내기 위해 '그 부재한 대상을 마음속에서 불러내도록' 하는 것에서부터 출발한다."(Tustin, 1990, p. 130) 이러한 능력은 유아기에 엄마의 부재와 신체적 분리를 견디는 법을 점진적으로 배워가며 발달하는데 자폐 아동의 경우 존재감과 안전감이 항시적으로 자폐적 대상에 묶여 있어 상실을 경험할 수 없기 때문에 그러한 능력을 성취하기 어렵다(Tustin, 1990, p. 130). 따라서 대상의 부재를 경험하지 못하는 자폐 아동은 이미지, 기억을 사용하여 대상의 부재를 대체하도록 자극받지 못함으로(Tustin, 1990, p. 128) 상상력의 발달이 어렵다.

다섯째, 그러므로 놀이하는 것을 방해한다(Tustin, 1990, p. 31). 이는 상징 형성의 어려움과도 맞물리는 것으로 놀이를 통해 환상을 표현하지 못하며 자폐 아동 각자의 고유한 방식의 쓰임새만 가지게 된다.

여섯째, 자폐적 대상을 사용함으로 인해 자폐 아동은 기다리는 법을 배우지 못한다. 왜냐하면 자폐적 대상은 자폐 아동에게 신체의 한 부분으로써 즉시 사용 가능한 것으로 느껴지기 때문이다(Tustin, 1980, p. 29). 따라서 그들은 상징적 활동에 필수적인 요소인 긴장을 참거나 지연시키는 법을 배우지 못한다.

일곱째, 자폐적 대상과 형태들은 엄마의 일시적인 대체물이 아닌 영구적인 대체물로써 기능한다. 따라서 모성적 보살핌의 필요성을 자폐 아동은 느낄 수 없게 된다. 즉 자폐적 대상이 제공하는 보호는 아동을 진실로 보살피고 공포로부터 보호해주는 주변 사람들과의 접촉을 방해한다(Tustin, 1980, p. 30). 따라서 전이의 발생을 어렵게 만든다.

4. 자폐적 대상에 대한 치료적 관점

터스틴은 자폐 아동과의 치료 과정에서 중요한 것은 치료자의 마음 상태라고 이야기한다(Tustin, 2001, p. 84). 아동이 택한 그러한 존재 양태와 자폐적 대상에 대한 이해를 가지고 치료에 임해야 한다는 뜻이다. 그녀는 다음과 같이 말한다. “그들의 세계에 들어가고 이해하는 것으로 그러한 행동이 아이에게 어떤 의미인지 찾는 것에 의해, 우리는 그들을 도울 수 있다. 만일 우리가 밖에 서서 그것을 묘사하려고만 한다면, 우리는 일반적인 행동의 방식으로 그들을 조정하고 조작하려 시도하게 될 것이다.”(Tustin, 1980, P. 34)

자폐적 대상의 형성과정에서 살펴본 바와 같이 자폐적 대상은 분리에 대한 외상적 경험에 대한 방어의 경로에서 취하는 대상이자 대상과의 관계 양식을 나타낸다. 따라서 갑작스럽게 분리를 인식하게 하는 것은 자폐 아동에게 치명적 손상을 가져와 더욱 더 자폐적 조작 안으로 들어가게 만들 뿐이다(Tustin, 1980, P. 34). 따라서 자폐적 대상을 과도하게 사용하는 것에서 벗어나 주변에 있는 살아있는 대상으로 주의를 전환하게 하는 것은 인내와 기술을 필요로 한다. 이는 성급하거나 기계적인 방식으로 할 수 없으며, 치료사는 적절한 순간을 끈기 있게 기다릴 필요가 있다(Tustin, 1980, P. 34)고 권고한다.

자폐적 대상이 존재에 관한 물음을 포함하고 있다면 치료사는 이 근원적 질문을 자신의 것으로 받아 안아야 할 것이다. 존재를 확인하기 위하여 그러한 대상과의 관계를 선택한 것이라면 그것이 아니더라도 존재를 확인할 수 있다는 것을 치료사는 확인해 줄 필요가 있다. 그러므로 치료사에게 일반적 경로에서 아기가 환경으로부터 제공받았어야 할 것들을 제공해야 할 과제가 생긴다. 대표적으로 안아주고 담아주는 대상으로 기능하는 것을 생각할 수 있다. 삶의 초기에 절대적 의존 상태에서 모성적 환경은 아기에게 완벽한 환경을 제공하는 것을 시작으로 점진적 실패를 경험하게 한다. 각 아기마다의 특성을 감안한 세심한 분리를 통해 공간을 발생시키고 점진적 발달을 돕는 것을 생각해 보면 치료사가 어떠한 태도로 임해야 하는지 알 수 있다. 터스틴은 "이러한 환자들에게 필요한 것은 그들의 자폐적 상태와 접촉함에 있어 균형 감각과 상식을 갖춘 채 은유적 의미에서 이들이 '땅에 발을 딛도록' 도와주는 심리치료사이다. 특히 이러한 환자들은 그들이 진정으로 살아 있는지 깊이 돌봐주고 마치 그들이 실제로 존재하는 것처럼 그들에게 말을 걸어줌으로써 그들의 실존을 확인해 주는 자애로운 사람이 있다는 사실을 느낄 필요가 있다."(Tustin, 1990, p. 67)고 말한다.

그러나 여기서 주의해야 할 것은 세심한 돌봄과 보살핌을 제공한다는 것이 자폐 아동에게 무조건적으로 맞춰주는 것을 말하는 것이 아니라는 것이다. 치료사의 지나친 허용과 적응적인 행동은 자칫 잘못하면 치료자 자신이 자폐적 대상으로 기능하게 되는 상황을 초래한다(Tustin, 1980, p. 34). 치료사가 자폐적 대상으로 기능하게 되면 공간이 발생할 자리를 치료사가 막고 있음으로 인해 치료실 안에 거짓된 평온이 자리 잡을 수 있다. 터스틴은 이것을 경고하며 부드럽고 따뜻한 사랑과 단호한 태도로 든든히 버티고 서서 아동과 관계를 맺을 때 자폐 아동이 자폐적 대상과의 관계 양태를 포기하게 된다고 말한다(Tustin, 2001, p. 84). 이는 아동에 대한 이해와 더불어 살아있는 인간 존재로 기능하기를 요구하는 것이라고 말할 수 있을 것이며(Tustin, 2001, p. 139), 이러한 살아있는 존재의 적절한 반응만이 살아있는 대상과의 관계로 들어가게 하는 문을 열 것이다. 새로운 문을 여는 것은 치료자가 아동이 자폐적 대상으로 자신을 대하는 것을 거부하고, 치료자가 지울 수 있는 대상이 아님을 아동에게 보여주는 것을 통해 가능한 것으로, 이러한 확고하면서도 친절한 안아주기는 자폐 아동에게 안전감을 제공하여 이전의 경직된 관계 양태를 포기하게 한다(Tustin, 2001, p. 148).

이를 통해 전이를 형성할 수 있으며(Tustin, 2001, p. 142) 전이 관계 안에서 초기 외상적 경험을 재 경험할 때 비로소 존재함과 존재하지 않음의 기로에서 벗어나 자신이 존재한다는 것에 대한 확신을 가질 수 있게 된다. 이는 분리로 인한 공간의 발생에 대한 두려움을 경감시키고 점차 자신의 자리를 찾아갈 수 있게 만들어 준다. "이러한 치료사의 일관성과 확고성은 이들로 하여금 존재의 연속성에 대한 믿음을 갖게 하고, 따라서 대상의 부재는 심상과 환상 그리고 기억력과 사고를 자극한다."(Tustin, 2001, p. 146)

이에 대해 알바레즈 또한 자신의 임상 경험을 예로 들어 확인해 주고 있다. 라비와 작업 초기에 자신이 부드럽게 대해주던 방식이 치료적 진전에 도움이 되지 않았다고 밝히며, 라비가 자신의 확장된 부분으로 기능하기를 요구했던 것을 거절하지 못했던 상황이 라비의 발달을 지체시키고 있었음을 이야기한다(Alvarez, 2006, p. 66). 그러한 자폐적 대상으로 기능하던 것을 치료자 자신이 인식하고 거기서 벗어나 살아있는 대상으로 기능하기 시작했을 때 라비가 발달하기 시작했음을 고백한다. 삶의 전반을 지배하던 자폐적 상태에서 벗어나 선택적으로 자폐적 상태를 이용하는 것으로 나아가게 되었는데(Alvarez, 2006, p. 68) 이는 조금씩 발달을 시작하는 것으로 볼 수 있을 것이다.

이러한 과정을 통해 자폐 아동은 더 이상 자신에게 자폐적 대상이 유효하지 않음을 느끼게 되고 그러한 관계 양식에서 벗어나게 된다(Tustin, 1990, p. 146). 구멍을 막기 위해 택했던 자폐적 대상이, 그러한 관계가 자신의 삶 전체를 막는 것을 벗어나 조금씩 축소되어 마침내 사라지는 결과를 보게 될 것이라고 터스틴은 말한다(Tustin, 1990, p. 147).

이제까지 터스틴의 관점에서 자폐적 대상에 대한 치료적 관점을 살펴보았다. 무엇보다 터스틴은 치료사의 자세에 대해 주의를 요할 것을 이야기하고 있다. 자폐적 대상이 자폐 아동에게 어떠한 의미인지에 대한 이해 없이 그것을 제거하려 드는 것에 대한 위험성을 말하고 있으며, 오직 치료자의 주의 깊은 이해를 통한 사려 깊은 치료적 접근만이 자폐적 대상에 대한 사용을 감소시키거나 사라지게 할 수 있다고 말하고 있다.

발달적 관점에서 자폐증을 접근하고 있는 터스틴은 자폐적 대상을 발달을 저해하고 있는 요소로 보고 있으며 따라서 치료가 진행됨에 따라 사라져야 할 것으로 보고 있다. 그러나 자폐적 대상이 외상에 대한 주체의 해결책이며 그의 존재 방식을 포함하고 있다면 그것은 주체의 핵을 구성하고 있는 부분으로 마땅히 사라져야 한다고 생각할 수 없다. 그것은 어떤 변형된 방식으로 존재할 수도 있을 것이며, 여전히 존재하되 좀 더 사회 친화적인 방식으로 쓰일 수도 있을 것이다. 또는 자신과 세상을 연결하는 매개체로써 쓰일 수도 있을 것이다. 이러한 가정에 대해 사례를 통해 살펴보고자 한다.

Ⅲ. 사례연구

1. 자폐증자의 자서전에서 나타난 자폐적 대상의 예 : 『나는 그림으로 생각한다』의 템플 그랜딘

템플 그랜딘(Temple Grandin)은, 보스턴 출신 미국의 동물학자이다. 동물복지를 배려한 가축시설의 설계자이며, 콜로라도 주립대학교 교수이다. 템플 그랜딘은 2살 때 자폐증으로 진단되었는데, 당시 그 진단을 내린 의사는 평생 보호시설에 있어야 하며 평생 말을 하기 힘들 것이라고 했다.[24)]

어린 시절 그녀의 자폐적 증상은 다음과 같다. 눈을 마주치지 않으며, 시선은 늘 텅 비어 있고, 듣지 못하는 것처럼 보이고, 다른 사람에 관심이 없으며, 누군가 그녀를 안아주는 것을 끔찍이 싫어했다. 감정의 기복이 심해서 짜증이 많았으며 시시때때로 폭발하기도 했고, 혼자 내버려 두면 바깥세상과 단절되어 최면에 걸린 듯한 상태로 몇 시간이고 한 가지 감각, 이를테면 바닷가의 모래가 손에 흘러내리는 것을 느끼거나 보는 것에 빠져 있기도 했다. 또한 청각이 너무 예민해서 그녀가 느끼기에 소음이 너무 심해지면 몸을 흔들거나 빙빙 도는 행동을 했다고 한다. 또한 다섯 살 때까지 말을 하지 못해서 무언가 원하는 것을 얻기 위해서는 소리를 지를 수밖에 없었다고 한다. 이 모든 자폐적 특징은 그녀가 말한 것으로 그녀의 진술을 토대로 보면 그녀는 전형적인 자폐적 증상을 가지고 있었다.

그녀의 책에서 자폐적 대상과 관련하여 주목할 것은 타인과의 접촉에 대한 어려움이다. 그녀는 3장에서 누군가에게 안기는 것이 어떤 느낌이었는지를 다음과 같이 이야기한다.

> "내가 기억하는 한 나는 언제나 안기기를 싫어했다. 누군가의 품에 안기는 좋은 느낌을 나도 경험해 보고 싶었지만 그 느낌이 나한테는 너무 압도적이었다. 거대한, 모든 것을 삼켜 버릴 듯한 자극의 파도처럼 느껴져, 누가 나를 안아주면 한 마리 야생동물처럼 반응하곤 했다. 접촉을 당하면 바로 도망갔다. 과부하가 일어나 차단기가 내려져 달아나고 도망갈 수밖에 없었다."(Grandin, 2014, p. 75)

앞서 빅과 앙지외의 논의를 통해 안아주기의 중요성을 살펴보았다. 안아주기를 통한 대상과의 실제적 피부 접촉은 비통합 상태의 아기를 하나로 묶어 통합 상태로 이끌며 자신을 하나의 개체로 인식할 수 있게 해주는 일차적 피부 형성을 돕는다(Bick, 1968, p. 484). 이 과정에서 어려움이 생길 경우 아기는 자신의 존재의 연속성을 유지시키기 위해 이차적 피부 형성으로 나아간다(Bick, 1968, p. 484).

템플 그랜딘의 경우 실제적 접촉의 어려움은 안아주기와 담아주기의 실패로 귀결되며 이것은 그녀를 비통합 상태에 머무르게 만들어 항시적 불안과 공포에 시달리게 만들었다고 볼 수 있다. 템플 그랜딘은 사춘기 이후로 패닉과 함께 찾아오는 공포와 불안감을 지속적으로 경험했는데 이러한 상태를 불러일으키는 상황을 피하는 것이 삶의 가장 큰 목표였다고 말한다.

빅은 이러한 비통합 상태에서 "자신을 수용해 줄 대상을 미친 듯이 찾는다"고 말하는데 이에 가장 좋은 대상은 어머니이다(Bick, 1968, p. 484). 그러나 그랜딘의 고백에서와 같이 실제 어머니와의 접촉은 오히려 외상적으로 경험되었으므로 어머니와의 접촉을 통해 안정을 찾을 수 없었던 것으로 생각된다. 그러므로 그녀는 모성적 대상을 통한 일차적 피부 형성에 어려움을 겪게 되고 이를 대신할 대상을 찾게 되는데, 이 때 자폐적 대상에 대한 요구가 출현하는 것으로 볼 수 있다.

그랜딘에게 자폐적 대상은 압착기라고 할 수 있다. 자폐적 대상이 감각-지배적인 방식으로 사용되고 자폐증자에게 불안을 감소시키는 역할을 한다는 것을 상기시켜보면, 압착기가 그랜딘에게 제공한 것이 그러한 것이라는 것을 알 수 있다. 그랜딘에게 압착기가 자폐적 대상이 되는 과정은 다음과 같다.

누군가가 안아주는 접촉은 싫어했던 반면 그랜딘은 압력을 좋아했다고 말한다. 눌리는 느낌은 편안함을 주었으며 따라서 담요를 몸에 말아서 소파 밑에 들어가기도 했고, 초등학교 때에는 몸에 압력을 가해주는 장치를 상상하기도 했다고 한다.

그러한 장치를 압착기라고 이야기하는데, 그녀는 이것을 소와의 동등시 과정을 통해 발견하게 된다. 숙모의 농장에 방문하게 된 그랜딘은 거기서 소에게 예방 주사를 놓기 위해 만든 압착기를 보게 된다. 주사를 맞을 동안 소를 안정시키기 위한 장치였는데 그랜딘은 그것을 지켜보다가 양쪽의 판이 소의 피부를 압박할 때 소가 긴장을 푸는 것을 보게 된다. 이때 그랜딘은 처음으로 자신과 소를 연관지어 생각하게 된 것 같다고 이야기한다. 영화를 보면 이 과정에 대한 묘사가 나온다. 그랜딘이 갑자기 엄청난 패닉 상태가 되었을 때 이 장치에 소처럼 기어들어가 숙모에게 장치를 조여 달라고 계속해서 소리치고 이에 마지못해 숙모가 장치를 조이자 그랜딘은 패닉 상태에서 벗어 날 수 있었다. 그 후 한 시간 정도 평안하고 차분한 상태가 되었다고 말한다.

패닉과 같이 찾아오는 공포와 불안감을 압착기를 통해 다스릴 수 있었던 그랜딘은, 이 경험 이후 직접 자신이 쓸 압착기를 만들게 되고 점점 자신에게 맞는 형태로 설계를 변경해 나가는 것을 볼 수 있다. 그녀는 압착기를 안기는 느낌이 들도록 설계 했다고 말하며 더 나아가 압력을 조절할 수 있게 만들었다고 말한다. 이 압착기를 통해 그녀는 안기는 것의 편안함에 대한 간접적 체험을 함으로써 다른 사람과의 상호성 그리고 다정함을 알게 되었다고 이야기한다. 자신이 감당할 수 있는 자폐적 대상과의 접촉을 통해 얻는 편안함이 타인과의 관계로 나아가는 출발점이 된 것이다. 영화에서 마지막에 엄마에게 살짝 안기는 그랜딘을 볼 수 있다. 그랜딘은 압착기가 아니었으면 엄마와의 그러한 접촉을 할 수 없었을 것이라고 하며 다정함과 사랑을 느끼려면 육체적 편안함을 느껴야 한다고 말하면서, 그러한 편안함을 압착기를 통해 얻을 수 있었다고 고백한다.

또한 압착기의 압력 조절을 통해 여러 가지 다른 기분을 느껴 보면서 감정의 복잡성에 대해서도 유추하게 된다. 자신은 타인과의 관계에서 그러한 것을 느낄 수 없지만 그러한 것을 유추하는 것을 통해 타인을 좀 더 이해할 수 있게 된 것이다.

이렇게 압착기를 통해 불안을 다스리는 과정은 자폐적 대상을 형성하고 이를 통해 이차적 피부를 습득하는 과정과 연관 지어 생각해 볼 수 있다. 자신의 불안을 어머니에게 안기고 담기는 것으로 해결할 수 없었던 그랜딘은 압착기에 의해 안겨지면서 불안을 다스릴 수 있게 된다. 즉 압착기가 피부에 압력을 가할 때 느껴지는 감각을 취하는 데 이것이 이차적 피부로 기능함으로써 패닉과 같은 공포와 불안을 처리할 수 있었다고 볼 수 있다. 압착기를 통해 자신의 불안감과 공포를 진정시킬 수 있었던 그랜딘은 그것을 대학 기숙사에도 가지고 가게 된다. 이 기계를 통해 패닉 상태나 불안감을 조절함으로써 일상생활을 영위해 나갈 수 있었던 것이다. 이것은 압착기가 자폐적 대상에서 더 나아가 혼동된 대상 혹은 중간대상으로 발전하고 있음을 보여준다.

또한 이러한 압착기를 통해 이차적 피부를 형성하면서 자신의 몸에 대한 경계를 인식할 수 있었던 것으로 보인다. 그녀의 책에서 그랜딘은 자폐 아동은 자신의 몸의 경계를 파악하는 데 어려움을 겪는다고 말하며, 자신도 그러함을 다음과 같은 구절을 통해 알려준다.

> "나는 기계를 통해 손을 뻗어 소를 잡는다. 소머리를 멍에로 잡을 때면 내 손을 소 이마와 턱 아래에 대고 부드럽게 잡아주는 장면을 상상한다. 몸의 경계가 사라지고, 레버를 밀고 있다는 사실을 망각한다. 뒤쪽의 미는 문과 멍에는 내 손이 확장된 것이다."(Grandin, 2014, p. 48)

이 구절을 통해 그랜딘이 몸의 경계에 대한 인식이 때때로 흐려지며 대상과 동등시 되는 과정을 볼 수 있다. 그러나 이것이 지속적인 상태는 아니었던 것으로 보이며, 압착기를 통해 이차적 피부 형성과 더불어 자신의 몸의 경계를 인식해 나갈 수 있었던 것으로 보인다. 결과적으로 이것은 대상과의 분리를 획득하는 데 도움이 되었을 것이라 생각할 수 있으며, 그로 인해 사람들과의 교류를 해나갈 수 있었던 것으로 추측할 수 있다.

무엇보다 그러한 자신의 상태를 지각하고, 그러한 상태를 이용해 자신의 일에서 성공을 거두었다는 점을 주목할 필요가 있다. 그랜딘은 자신의 자폐적 증상들을 부정하지 않았으며 오히려 그러한 증상들을 통해 자신의 일에서 성공을 거두었다. 또한 그러한 성취를 이루는 과정에서 사람들과 교류할 수 있게 되었음을 고백한다. 이러한 경험을 바탕으로 그녀는 자폐적 대상에 대해 다음과 같이 얘기한다.

> "자폐아는 고착 증상을 보이는 일이 많고 그 대상도 다양하다. 일부 교사들은 이런 고착을 막으려 하지만, 막을 것이 아니라 그걸 확장해서 건설적인 행동으로 나아가게 이끌어야 한다."(Grandin, 2014, p. 122)

여기서 고착하는 대상을 자폐적 대상이라고 볼 수 있는데, 그녀는 그것을 사용해서 삶을 구축할 수 있도록 해주어야 한다고 말하고 있는 것이다.

그랜딘의 자폐적 대상인 압착기는 소와의 동등시 과정을 통해 발견했으며, 그것이 주는 압력이라는 감각적 차원에서 사용되었고, 극도의 불안과 공포를 다스릴 수 있게 해주었다. 그로 인해 자신의 일을 찾고, 사회 안에 자신을 위치시킬 수 있게 되었다.

그랜딘의 사례를 통해 자폐적 대상의 형성과정과 어떠한 차원에서 쓰이는지와 그것의 역할과 기능 그리고 그것이 치료적으로 쓰일 수 있는 가능성에 대해 살펴보았다. 주목할 것은 자폐증자인 그녀가 자폐적 대상이 그녀의 삶에 어떠한 영향을 주었는지를 증언하고 있다는 것이다. 그녀는 제거의 대상이었던 자폐적 대상에 대해 다른 가능성을 제시한다. 이는 주체가 자폐적 대상을 자신의 삶을 조직하는 하나의 구심점으로 삼을 수 있다는 것을 보여주며, 자폐적 대상의 역할과 기능에 대해 재고할 필요를 요청하는 사례이기도 하다.

2. 임상사례 1

A는 9세 남자 아동으로 30개월 때 발달지연으로 진단받았고, 7세 때 자폐증으로 진단을 받았다. A와는 주 1회 80회기 정도 작업을 진행했고 멀리 이사를 가서 치료가 중단되었다.

어머니에 의하면 A는 어릴 때 매우 순하고 조용했다고 한다. 젖을 잘 빨지 못해서 분유를 먹였으며, 말이 늦고, 눈 마주침이 잘 안되었고, 혼자서 없는 듯이 조용히 놀았다고 한다. 바퀴를 좋아했고 크기가 아주 작은 것들에 관심이 많았다고 한다. 또한 손가락을 빨면서 옷의 어깨솔기를 만졌는데 7살 때까지 계속되었으며 항상 그러한 행동을 했고 불안할 때는 더 심해졌다고 한다. 이는 치료실 안에서는 거의 관찰되지 않았고, 가끔씩 나타났는데 주의 깊게 보지 않으면 거의 알 수 없는 정도였다.

A와의 첫 만남에서 A는 조금 수줍어했으며 웃는 표정이었다. 가끔씩 눈을 마주쳤지만 지속적이지는 않았다. 약간 흥분이 되어 있었으며 치료실 안을 둘러보고 흥미로워하는 표정을 지었다. 말하는 것에 어려움은 없어 보였으며 내가 묻는 것을 이해하고 대답을 할 수 있었고 아이만의 일정한 어조가 있었다. 그 외 A에게 자폐적 증상이 뚜렷이 보이는 것은 없었지만 나와의 상호작용에 있어 일반적이지 않음을 알 수 있었다. 학교에서도 또래 관계와 선생님과의 상호작용에서 어려움이 있었으며 규칙을 지키는 것에

많은 어려움이 있다고 어머니는 말했다.

첫 회기에 A의 발달과 심리 상태를 살펴보기 위해 HTP검사를 해보았는데, 아동은 검사를 거부하지 않았다. A만의 독특한 그림을 볼 수 있었는데 집 그림에서는 지붕 위에 안테나를 크게 그렸고, 나무는 썩은 나무라고 했으며 특히 뿌리가 썩었다고 말했다. 남자는 로봇을 그렸으며, 여자는 눈 부분을 네모 모양으로 칠했는데 CCTV라고 말했다. 남자, 여자 옆에 모두 조그만 아이가 간단하게 그려져 있었다. 물고기 가족화에서는 어항이 깨졌다고 말했다. 이러한 검사를 통해 아동의 유아 초기에 분리에 대한 외상이 있었음을 추측해 볼 수 있었는데 이는 단지 검사에서만 나타나는 것이 아니라 어머니의 말에서도 확인되는 것이었다. 어머니에 의하면, A가 태어난 지 한 달 정도 되었을 때 아동의 친할아버지가 돌아가셔서 장례를 치르느라 A를 외할머니께 일주일 정도 맡겼고 그 기간에 A와 어머니는 전혀 접촉하지 못했다고 한다. 아마 이 기간에 A가 분리에 대한 외상을 입었을 가능성을 추측해 볼 수 있다. 이 시기는 일차적 모성몰두와 절대적 의존단계의 시기로 이 기간에 일어난 환경의 부정적 영향은 심각한 장애를 가져올 수 있는데 위니캇은 유아정신증과 자폐증이 이 단계에서의 실패로 인한 것이라고 본다(Winnicott, 2000, p. 82).

자폐적 대상인 상자를 통한 이차적 피부 형성, 그리고 연결에 대한 소망

첫 시간 이후 A는 매 회기 때마다 자기가 무엇을 할 것인지를 정해서 왔으며, 치료실 문을 통과해서 들어오며 자신이 무엇을 할 것인지를 말했다. 치료실에 들어와서는 필요하다고 생각되는 재료를 다 꺼내와 책상 위에 늘어놓고 작업을 했다. 때에 따라 필요한 준비물을 직접 가져오기도 했는데 주로 상자였다. 네 번째 회기에 A는 자신이 들어갈 만한 큰 상자를 가져왔는데 TV를 만들겠다고 하며 상자 바깥에 그림을 그리면서 매우 집중해서 작업했다. A는 그 안에 들어갔다 나오기도 했다. 이때 나도 A가 상자 안에 들어갔을 때의 기분을 느끼고 싶어서 상자 안에 들어갔다 나왔는데 A는 그것을 보고 매우 좋아하면서 말이 많아지기 시작했다. 그 뒤로 A는 좀 더 적극적이 되었고 편안해지는 모습을 보였다.

A에게 있어 자폐적 대상은 상자라고 할 수 있다. 어머니에 의하면 다섯 살 정도부터 상자를 좋아하기 시작했다고 한다. 초기 A와의 작업에서 상자는 매 회기 등장하는 재료였다. A가 매번 같은 방식의 사용을 보이지는 않았지만, 상자를 이용해 회기마다 무언가를 만든다는 점과 만드는 것이 대부분 비슷한 종류의 것이라는 점에서 일정한 사용방식을 취하고 있는 것이라 생각할 수 있다. 또한 자폐적 대상이 자폐 껍질을 형성하는 것에 감각을 제공한다는 터스틴의 견해(Tustin, 1990, p. 60)에 비춰보면 A가 상자를 사용하

는 방식이 터스틴의 견해에 부합한다는 것을 알 수 있다. 예를 들어 A가 상자에 들어가기도 하는 것 (사진1)에서 상자를 하나의 보호막 또는 안전처로 여긴다는 생각이 들었는데, 이것은 자폐 껍질을 연상하게 한다. 특히 A는 사람을 그릴 때 주로 로봇 형태로 그렸는데 그 모양이 네모난 모양을 연결한 형태인 것이 많았다. 로봇의 형태와 단단한 표면을 생각할 때 박스의 변형으로 생각해 볼 수 있다. 또한 자신이 아끼는 곰 인형의 옷을 만들거나, 만든 옷을 자신이 입어 보기도 하고, 박스로 무언가를 만들어 머리에 쓰기도 하고, 가면을 이용하는 것을 볼 때 아동에게 중요한 이슈가 무엇인지 추측해 볼 수 있다. 아마도 자신을 보호해 줄 피부를 만드는 것이었던 것 같다. 빅에 의하면 대상과의 접촉을 통해 일차적 피부를 형성할 수 없을 시 이차적 피부형성으로 나아가는데(Bick, 1968, p. 484), A는 초기 분리에서의 외상으로 인해 일차적 피부를 형성하기 어려웠을 것으로 추측할 수 있으며, 따라서 자폐적 대상인 상자를 이용해 이차적 피부 형성을 시도하는 것이라고 볼 수 있다. 특히 상자가 무엇을 담는 것으로 사용되는 것을 생각해 보면 아동은 자폐적 대상인 상자의 담아주는 기능과 상자 표면의

〈사진 1〉

감각을 자신의 피부로 삼아 분리를 인식할 때 느껴지는 불안을 담아보려 했을 것이다.

A는 치료실에 들어올 때 약간 상기된 표정으로 들어 왔는데, 치료실에 오는 것을 좋아했고 시간이 다 된 후 나가는 것을 아쉬워했지만 나가지 않으려 떼를 쓰지는 않았다. 대신에 치료실 안에서 도화지를 가지고 나가려 했는데, 나에게 묻지 않고 그냥 가지고 나가려 했다. 그래서 허락을 구하고 가져가야 한다고 말했으나 그렇게 되기까지 오랜 시간이 걸렸고, A가 외부 환경에서 불안이 커졌을 때는 그냥 가지고 나가려는 경향이 강해졌으며 내가 하는 말을 들으려 하지 않고 떼를 쓰기도 했다. 떼를 쓰는 행동은 평상시에는 잘 나타나지 않는 것이었다.

이것은 치료사와의 분리에 대한 인식을 차단하려는 것으로 생각할 수 있다. 터스틴은 그녀의 사례에서 데이빗이라는 자폐 아동은 자동차를 자폐적 대상으로 사용했는데, 마틴이라는 자동차의 이름은 마틴이라는 마을의 실제적인 조각을 의미했고, 오스틴이라는 이름의 자동차는 터스틴의 실제 조각을 의미했다(Tustin, 1980, p. 29). 따라서 그 자동차를 지니고 다니는 것은 실제 대상인 마틴이라는 마을과 터스틴을 지니고 다니는 것을 의미했다. A는 종이 자체를 자폐적 대상으로 사용했다고는 볼 수 없지만, 상자가 종이로 만들어졌다는 것과 작업 후반부에 상자가 사라지고 나서는 늘 종이에 그림을 그리거나 종이를 이용한 작업을 했기 때문에 아동에게 종이가 특별한 것이었다고 생각한다. 또한 치료실에 비치된 종이라서 더욱 특별했던 것으로 생각하는데 치료실 자체가 치료사를 표상하는 것으로 추측한다. 따라서 치료실 안에서 A가 종이를 가지고 나가려는 것은 치료사의 한 부분을 가지고 가려 한다고 볼 수 있으며 특히 치료사에게 허락을 구하지 않고 가지고 나가거나 외부적 스트레스 상황이 심해질 때 그러한 행동이 심해지는 것을 보면 치료사와의 분리를 인식하지 않고 다음 회기까지 계속해서 연결되어 있으려는 시도라고 볼 수 있을 것이다. 이것은 일주일간의 치료 간격이 A에게 초기 어머니와의 일주일간의 외상적 분리를 불러일으킨다고 생각할 수 있으며, 따라서 그것을 극복하고자 하는 시도가 아닐까 추측한다.

그 다음 회기에 A는 공룡 알을 만들고 여러 가지 재료를 실로 연결했다(사진2). 그 뒤 한 달 정도 여러 가지 재료를 실로 연결하는 작업을 했는데 가운데 중심이 되는 것이 있고 다른 여러 가지 재료를 연결하는 형태였다. 종이컵 두 개를 실로 연결해서 전화기를 만들기도 하고, 거기에 가면 두 개를 연결해서 "되돌아오는 실"이라고 이름을 붙이기도 했다(사진3). 어느 회기

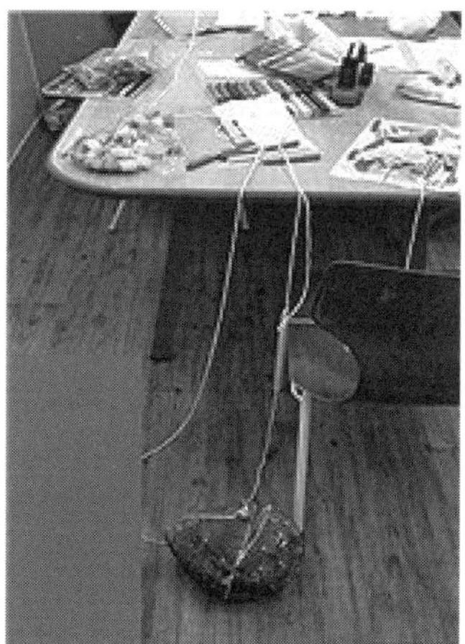
〈사진 2〉

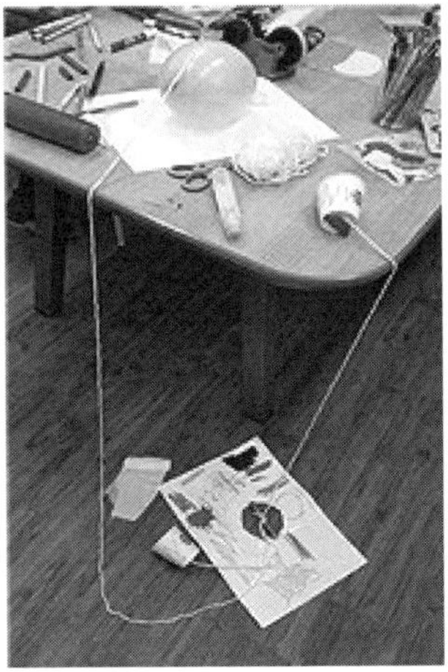

〈사진 3〉

에서는 신문지를 가져와 좋아하는 곰 인형 옷을 만들어 자신이 입어 보기도 했다. 이 시기에 A는 학교에서 선생님과의 의사소통에 자주 어려움을 느끼고 있었다. A는 수업 시간에 자신이 하고 싶은 것을 하려 했고, 규칙을 지키는 것을 어려워했다.

A의 작업에서 '알'과 '실'은 아동이 스트레스를 심하게 느끼는 상황에서 사용되는 것이었는데 이를 통해 자신의 상태를 나타낸다고 볼 수 있다. 아마도 A에게 있어 '알'은 자궁으로의 회귀를 의미한다고 볼 수 있을 것인데 특히 실과 같이 사용되는 것에서 그러하다. 그러나 알만 만들지는 않고 그 속에서 공룡이 태어나는 것을 표현하기도 했다.

'실'은 끈으로 생각할 수 있는데, 이 끈에 대해 위니캇은 다음과 같이 말한다. "끈은 다른 모든 의사소통 기술의 연장으로 생각할 수 있다. 끈은 물건을 싸는 것과 흩어지는 물건들을 담는 데 사용된다... 불안하거나 의사소통이 부족하다는 느낌이 들면 끈을 과장되게 사용한다."(Winnicott, 1984, p. 227) 위니캇에 의하면 끈은 의사소통의 시도로 사용될 수 있으며, 한편으로 분리에 대한 부인으로 사용될 수도 있는데, 이럴 경우 매우 조심스럽게 다뤄야 한다고 이야기한다. A의 경우 이 두 가지 사용 방식을 다 가지고 있었는데, 일차적으로 외부의 심한 스트레스 상황에서 나타나는 것을 볼 때 분리에 대한 부인으로 볼 수 있을 것이다. 분리는 외부 대상에 대한 인식을 기반으로 하는 것이므로 외부의 스트레스 상황은 A에게 대상에 대한 인식을 불러일으키는 동시에 초기 유아기의 분리에 있어서의 외상을 다시 불러올 수 있다. 따라서 알과 함께 사용하면서 이 분리에 대한 인식을 지우려 한다고 볼 수 있다. 다른 한편, 치료실에서 그러한 작업이 이루어지는 것을 볼 때 자신의 불안을 치료사가 담아주길 원하는 의사소통의 수단으로 사용하고 있다고 생각한다. 실을 사용해 연결을 시도하면서 그 연결을 통해 A의 불안을 치료사가 담아주며, 이 담아주기를 통해 자신의 불안을 견딜 만한 것으로 돌려주길 원한다는 것이다. 이를 통해 자신의 존재의 연속성을 획득하고 A에게 중요한 피부를 내사하고자 하는 시도라고 추측할 수 있다.

또한 A가 상자로 무엇을 만들거나 그림을 그릴 때 꼭 등장하는 요소가 있었는데 '안테나'이다. 이것도 끈의 변형이라고 볼 수 있을 것이다. 일반적으로 안테나는 무엇을 수신하는 기능을 하며 주파수를 맞춰 연결하는 기능을 한다. 로봇에도 안테나가 있고, 집에도 안테나가 있으며, 또한 통신에 관한 물건들을 만드는 것을 볼 때 A는 상자와 함께 철수하는 순간에도 늘 연결에 대한 끈을 놓지 않고 있다고 볼 수 있다. 특히 A가 아주 심한 스트레스 상황에 처할 때 상자와 함께 실, 그리고 알이 같이 등장하는 것으로 보아 이 요소들은 퇴행과 함께 연결에 대한 소망을 나타낸다고 할 수 있으며, 분리와 재연결의 문제가 표상으로 나타나는 것이라고 해석할 수 있다.

새로운 탄생

그 후 한동안 상자를 이용해 무언가를 만드는 작업이 시작되었는데 주로 기계에 관련된 것이었다. 회기 안에서 상자를 이용해 처음 만든 것이 TV였고, 그 다음에는 변기를 만들었는데 상자 안에 무언가를 설치하고 비누방울을 불어 넣기도 하고 침을 뱉기도 했다(사진4). 이 시기에 A는 학교에서 선생님과 반 친구들과의 상호작용에 여전히 어려움을 겪고 있었다. 음악 시간에 멜로디언 소리를 견디지 못하고 뛰쳐나가기도 하고, 급식을 할 때 먹기 힘든 음식 때문에 어려움을 겪기도 했다. 따라서 침을 뱉는 행동은 외부 스트레스 상황을 견디기 힘든 A에게 투사가 일어난 것으로 생각할 수 있다. 이에 대해 터스틴은 이러한 고통스런 물질을 축출하는 침 뱉기, 배변하기, 토하기, 기침하기, 재채기 같은 행동을

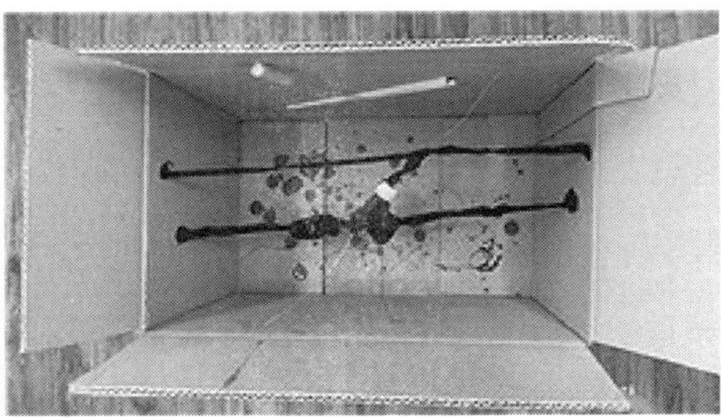

〈사진 4〉

정신-신체적 장애로 보며 이것을 자폐증의 무기력한 상태에서 벗어나는 증거로 본다(Tustin, 1990, pp. 173~174).

이 후 상자를 이용해 기계류를 만들기 시작했으며 상자의 크기에 변화가 생겼다. 계속해서 여러 가지 상자를 이용해 '우주로 가는 버스', '세상에서 가장 완벽한 자동차', '종합탐사선', '갯벌 탐지기', '가상현실 체험기', '스마트', '컴퓨터', '새로운 교통수단', '타임머신' 등을 만들었으며, 그리고 나중에는 집과 마을을 만들기도 했다(사진5).

〈사진 5〉

회기가 진행될수록 상자의 크기가 작아졌다. 처음에 상자의 크기는 A가 다 들어갈 만큼 큰 것이었는데 그 후 점차 줄어들어 손에 쥘 정도가 되었다. 이것은 자신을 전체 다 감싸는 피부가 필요했던 초기와 달리 회기가 진행될수록 점차 자신의 피부가 형성되었다고 추측할 수 있는데, 자폐적 대상을 통해 형성한 이차적 피부가 치료사의 피부를 내사한 일차적 피부 형성으로 대체되는 과정으로 볼 수 있다. 하지만 아직 회기 내에서 상자는 늘 있어야 했으므로 A의 피부는 불완전하다고 추측할 수 있다.

나는 치료 초기에 A에게 "너를 위해 상자를 준비해 놓을게"

라고 약속을 했고, 매 회기 상자를 준비해 놓았다. A는 치료사가 말한 다음 회기에 와서 "나를 위해 상자를 준비했어요?"라고 물으며 확인했고 매우 기뻐했다. A는 자신이 사용할 상자를 대체로 준비해 왔지만, 주로 내가 준비해 놓은 상자를 사용했다. 나는 A가 무언가를 만들거나 그릴 때 재료를 준비해주거나 만들기 어려운 부분을 도와주었고, 무엇을 만드는지 물어보고 A가 하는 설명을 열심히 들었다. 대개 자폐 아동들은 물어보면 대답을 하지 않거나 싫어하기도 하는데, A는 물어보면 싫어하지 않고 열심히 설명을 해주었으며 나 또한 열심히 들었다. 나는 A의 설명과 작업이 재미있었고 늘 A가 만들 무언가에 대해 기대를 하고 있었다. 이러한 나의 반응에 A는 자신이 이해받고 있다고 느끼는 것 같았다. A는 치료실 안에서 나의 물음에 대부분 반응을 하였고, 자신의 생각을 말하기도 했다. A와의 작업에서는 내가 존재하지 않는다는 느낌이 들거나 지루하거나 무기력한 느낌이 들지 않은 걸로 보아 나 자신이 자폐적 대상으로 기능하고 있지는 않았던 것으로 생각된다. 또한 자폐적 대상인 상자로 만드는 것이 다양해지고 그 크기가 작아지며 마침내 치료 작업에서 사라지는 것을 보면 내가 안아주고 담아주는 대상으로 기능하고 있었던 걸로 추측하며 A는 이를 내사할 수 있었던 것으로 보인다.

치료를 시작한 지 10개월쯤 되었을 때 A는 '새로운 생명체'를 만들겠다고 하며, 알을 만들고 '짐승거북'이라는 것을 만든 다음 (사진6, 7) 알과 연결된 부분을 자르고 꼬리를 연결한 후 재활치

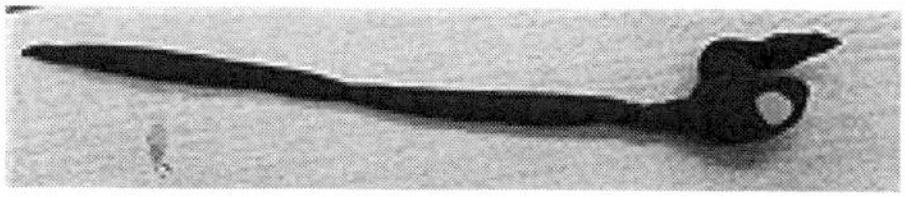

〈사진 6〉

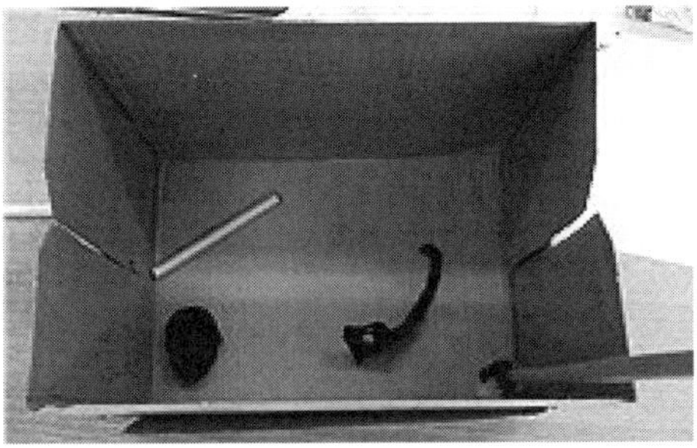

〈사진 7〉

료를 했다. 그러고 나서 다시 꼬리를 자르는데 그렇지 않으면 병에 걸려 죽는다는 표현을 했다. 그런 후 다시 꼬리를 이어 붙였는데 앞의 꼬리보다는 많이 줄었고 만든 것을 상자 안에 넣었다. 이러한 과정을 A는 '치료'라고 말했다.

이후 아동의 작업에 변화가 생겼는데, 상자를 사용하는 횟수가 줄었고, 주로 그림을 그리기 시작했으며 집과 관련된 주제가 나오기 시작했다. 가족 초상화를 그리기도 했는데 이전까지 로봇이나 캐릭터류의 그림이었다면 사람의 모습으로 보이는 그림들을 그리기 시작했고, 이에 관해 A는 상상의 스토리를 만들기도 했다.

이 작업을 살펴보면 A가 분리에 대한 수용과 거부 사이에서 갈등하고 있음을 엿볼 수 있다. A는 알과 연결된 부분을 자르는 것을 통해 분리를 상징적으로 나타내고 있지만 이내 꼬리를 다시 연결시킨다. 그러나 다시 자르면서 분리되지 않으면 자신은 죽음의 상태에 있을 수밖에 없음을 나타낸다. 그럼에도 다시 연결하는 작업은 A가 존재함과 존재하지 않음의 사이에서 갈등하고 있음을 보여준다(Tustin, 1990, p. 50). 아동은 이러한 과정을 치료라고 명명하면서 자신의 작업이 어떠한 의미를 가지는지를 알고 있음을 보여준다. 또한 분리에 대한 인식을 서서히 수용하면서 앞으로 나아가려하는 모습을 볼 수 있다. 이것은 이후 자폐적 대상인 상자의 사용이 줄고 집과 가족에 대한 주제가 나타는 것을 통해 확인할 수 있다.

집과 관련해서 그림을 그리거나 만들 때는 항상 보안과 관련한 것들이 주요하게 등장했다. CCTV가 있고 홍채인식이나 지문인식이 필요했고 경비원이 있었으며 내부 구조도 미로 같은 구조를 하고있었다(사진 8). 이때가 일 년 정도 진행되었을 때인데 학교에서 급식과 관련해서 반 친구들과 큰 다툼이 있었고 A가 많이 놀란 상태였었으며 이로 인해

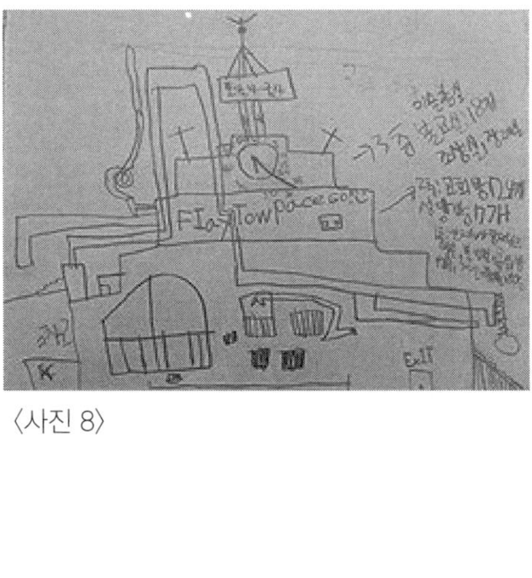

〈사진 8〉

학교를 며칠 쉬기도 했다. 이 시기에 A는 젖병에 관심을 보이기도 하고 다시 상자와 실을 이용해 무언가를 만들기도 했다. 반 친구들과의 다툼이 A에게 큰 심적 부담을 주었음에도 A는 크게 퇴행적 요소를 보이지 않았고, A가 힘든 상황에 처했을 때 나타나는 상자와 실은 두 회기정도로 마무리 되었으며 알은 나타나지 않았고 만든 작품도 간단한 것이었다. 전에 나타났던 알과 실의 사용에 비하면 작은 형태이며 이 작업 후 A의 작업이 변화를 보인 것으로 보아 자신의 불안을 다스리고 소화하는 용도로 사용된 것이라 할 수 있다. 이후 작업에서는 상자가 나타나지 않았다.

이후 A의 작업은 다시 변화를 보였는데 이 시기 동안(약 6개월 정도) A는 상자를 찾지 않고 주로 그림을 그리며 외계와 관련된 이야기, 새로운 언어를 만드는 것이 주요 주제였다. 새로운 나라를 만든다고 지도를 그리거나 영어와 중국어 그리고 일본어를 변형시켜 자신만의 언어를 만들기 시작했다. 이전에도 A는 새로운 단어를 만들기도 했는데 이제는 새로운 언어를 만들기 시작한 것이다. 일정한 형태를 사용하지는 않고 계속 변했으며 A의 설명을 듣지 않으면 알아들을 수 없는 언어였다. 외계와 관련된 이야기를 만들고 그렸으며 외계인의 언어를 만들기도 했다. 이 외계인은 지구에 가고 싶어 했는데 지구인이 되기 위해서는 어려운 자격시험을 통과해야 했다. 72회기에 A는 "인간이 되는 약"을 만들었는데, 인간이 되고 싶은 몬스터에게 약을 먹여주면 된다고 했다. 약 이름은 "소즈베리스트로잉"으로 좀비어로 "인간"이라는 뜻이라고 했다.

A가 만든 새로운 언어는 기존의 언어들을 뒤섞어 만든 것이었는데 이것은 자신이 이해할 수 없는 세상에서 그리고 자신을 이해해주지 않는 세상에서, 세상을 이해해보려는 A의 노력이었다고 생각한다. 언어는 단순히 의사소통만을 의미하지 않는다. 한 언어를 가지고 의사소통을 한다는 것은 그 언어로 상징되는 한 체계를 공유하고 있다는 뜻이다. 즉 언어에는 그 언어를 사용하는 사회의 문화, 규범 같은 체계가 다 들어가 있다고 볼 수 있는데, 자신이 속한 세상을 이해할 수는 없고 그 체계에 들어가기는 힘들지만 그 세계를 대표하는 언어를 가지고 조합한다는 것은 그것을 자신이 이해할 수 있는 방식으로 재창조하려는 것으로 볼 수 있으며, 그것으로 소통하고자 하는 A의 시도라고 생각할 수 있다. 더불어 이해할 수 없는 체계 대신 자신만의 체계를 구축하는 것이라 볼 수 있다. 이 체계의 기본적인 요소가 A가 속한 세상의 언어에서 온 것이라는 것을 생각해 보면 자신이 속한 세계와 어떻게든 소통해 보고자 하는 A의 절박함을 느껴볼 수 있다. 또한 A가 만든 언어는 다시금 해석이라는 절차를 거쳐야 이해할 수 있다는 것은 A의 현재 상황이 자신이 속한 사회와 바로 소통할 수 없고 접촉할 수 없다는 것을 말해준다. 또한 A가 자신을 외계인, 몬스터와 동일시하고 있다고 볼 수 있는데 이 또한 자신이 속한 사회 속에서 소외되어 있고 소통할 수 없는 자신을 나타낸다고 볼 수 있다. 특히 사회적 공간인 학교에서 겪는 어려움을 생각해 보면 더욱 그러하

다. 인간이 되려면 어려운 자격시험을 통과해야 한다는 말과 "인간이 되는 약"을 만든 A의 작업을 볼 때, A는 그럼에도 포기하지 않고 계속해서 자신만의 방법을 찾을 것이란 것과 함께 그 노력의 절박함과 어려움을 짐작할 수 있다.

다시 돌아온 외상의 흔적

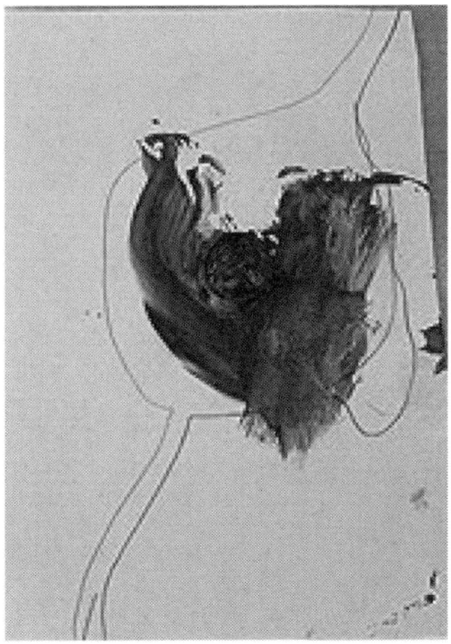

〈사진 9〉

73회기에 A는 위장 수술을 하겠다며 위장을 그리고 그 안에 동그란 링을 붙인 후 위장수면제를 물감으로 만들어 투여했지만(사진9) 수술에 실패하고 만다. 이날 A의 어머니로부터 멀리 이사를 가게 됐다는 이야기를 듣게 되었다. A는 다시 상자와 실을 찾기 시작했으며 통신하는 기계를 만들기도 했다. A는 이 회기에 인간이 기계처럼 될 수 있는데, 기계처럼 되면 당연히 나쁘다고 말했다. A는 이사가 결정된 후 약 두 달 간의 작업에서 "위장 수술"을 반복해서 했다. 수술과 해부에 관한 이야기가 계속되었으며 살리기 위한 A의 노력도 계속되었다. 아마도 이사를 가는 상황이 소화하

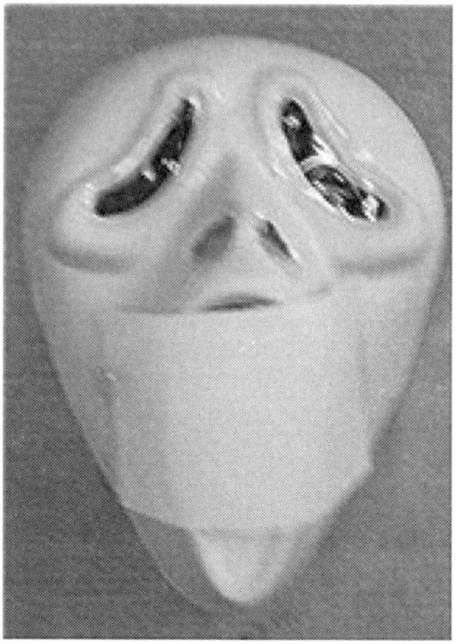
〈사진 10〉

기 힘든 상태였을 것이라 추측해 본다. 또한 스크림 가면의 구멍(눈, 코 입)을 다 막기도 했는데 이후 회기에서 다시 떼어내기도 했다(사진10).

이사에 관한 소식이 A에게 초기 유아 시절의 분리에 대한 외상을 다시 떠오르게 한 것으로 보인다. 이는 A가 소화하기에는 너무 큰일이어서 A의 작업 그대로 위장 수술을 해야 하는 것이었다. 때로는 죽기도 하고 살기도 했지만 몇 번이고 그 수술을 반복해야 했고 A는 매번 살리려 했다. 어쩌면 위장 안의 링은 외상의 핵을 보여주는 것일 수도 있다는 생각을 했다. 그 안의 물감이 넘쳐 밖으로 흐르는 것은 다시 되돌아오는 유아 초기의 외상적 분리로 인한 불안이 넘쳐나는 것을 상징적으로 보여주는 것 같았다. 그리고 다시 이전 상태, 즉 기계와 같은 죽음으로 돌아갈 수 있음에 대해 A는 그러고 싶지 않은 마음을 나타내고 있다. 그러한 죽음에 맞서 가면의 모든 구멍을 막는 작업은 그 구멍 사이로 빠져버릴 것 같은, 즉 "블랙홀" 같은 구멍에 휩쓸려 버리는 것(Tustin, 1990, p. 57)을 막기 위한 시도라고 볼 수 있다. 이것은 구멍을 막아 버림으로써 자신의 존재의 연속성을 유지하고자 하는 시도로 읽혔다. 이 시기에 등장한 상자는 이전 시기에 비해 크기는 크지 않았고 많이 사용되지 않았다. 아마 상자를 위장 수술로 대체하게 되지 않았을까 추측해 본다. 이것은 좀 더 발전된 표상으로 볼 수 있을 것이며, 상자가 여러 가지로 모습을 바꿀 수 있는 가능성을 보여주고 있다.

마지막 회기에 A는 아이패드를 가져와 회기 전체를 촬영해서 갔다. 주로 자신을 촬영했고, 헤어져 섭섭하다고 이야기 하자 자신도 섭섭하다고 이야기했다. 그 후 A는 자신의 분신이라고 말하며 아이클레이로 사람을 만들어 주고 갔다. 분신의 이름은 "옴스타시"(사진 11)였다. 아마도 A는 치료사와의 분리에 대해 회기를 녹화하는 것으로 치료사의 조각을 가져가려 했을지도 모른다. 또한 자신의 분신을 치료사에게 줌으로써 계속적인 연결을 하고 싶었을지도 모른다.

〈사진 11〉

이 시기에 A는 집에서도 상자를 다시 찾고 그것으로 여러 가지를 만들었다고 한다. 이사 후 2달 정도 지난 후 어머니와의 통화에서 아동은 계속 그림을 그리는데 좀 더 복잡해졌고, 이사 오기 전에 상자로 만든 로봇을 이사할 때도 가져와 방에 계속 두고 있다고 했다. A의 어머니에 의하면 나와의 작업 후 A는 자신에 대한 표현이 많아졌다고 했다. A의 만들기 작업과 그리기 작업은 A의 불안을 다스리고 상징화하는 데 도움을 주었다고 볼 수 있다. 이러한 작업이 모든 자폐 아동들에게 맞는 방식은 아닐 수 있지만, 이 아동에게는 효과적이었다고 생각한다.

A에게 분리를 인식하고 대상을 인식해야 하는 상황에서 상자에 대한 요구가 나타나는 것은 불안에 대한 방어이며, 이 불안은 유아가 삶의 초기 겪었던 엄마와의 외상적 분리에서 오는 것이라고 생각할 수 있다. A가 아직 준비되지 않았을 때 겪은 분리는 외상적 침범으로 느껴졌을 것이며 이것을 방어하기 위해 A는 자폐적 증상들을 사용하게 되었을 것이라고 추론해 볼 수 있다. 이러한 외상적 분리는 A에게 존재의 핵으로 남아 다시금 비슷한 분리의 상황을 마주하게 되면 이전의 외상을 불러 올 수 있다. 그러한 외상적 분리로부터 오는 침범을 막기 위해 상자를 이용해 자폐적인 껍질을 만들고 그 과정에서 자폐적 대상의 표면과의 융합을 통해 안정을 취하려는 것이라고 볼 수 있다.

그러나 분리는 인간이 한 개인으로 존재하기 위한 조건임을 감안할 때 동시에 아동은 자신이 존재하기 위한 시도를 계속적으로 하고 있는 것으로 생각할 수 있다. 침범과 불안에 휩쓸려 블랙홀로 쓸려 내려가는 상황은 자신의 존재가 사라지는 순간인데 그러한 순간에 맞서 한 개인으로 존재하기 위한 최선의 해결책으로서 분리를 시도한다는 것이다. 앞서 분리는 존재의 연속성이 보장되는 한에서 분리는 인간에게 유효하다고 하였다. 즉 재연결의 문제를 수반한다고 가정하였는데, 이 아동의 사례에서 그것을 살펴볼 수 있었다.

인간이 되는 약을 만든 A는 아마도 이 세상에서 자신이 인간이 아니라고 생각할 수 있을 것이며, 자신을 외계인이라고 생각할 수 있을 것 같다. 아마도 타자의 시선을 통해 그렇게 자기 자신을 위치시켰을 것이다. 인간이 되는 약을 먹고 어려운 시험을 거쳐 인간이 되고자 하는 소망, 언어를 만들어 소통하고자 하는 소망, 그리하여 이 세상에 자신의 자리를 기입하고 싶어 하는 A의 소망은 어떻게 성취될 수 있을까.

아마도 이것은 치료 상황의 시 · 공간적 제약과 가능성으로부터 시작될 수 있을 것이다. 치료 시간과 공간은 물리적으로 아동을 현실에 위치시킨다. 아동이 치료에 집중할수록 현실의 시간과 공간에 존재하게 할 수 있게 된다. 또한 치료사의 마음에 아동이 자리를 잡으면서 심리적 공간을 획득하게 된다. 치료사의 안아주고 담아주는 기능을 통해 아동은 그것을 내사할 수 있게 되고 점차 자신의 내부에 심리적 공간을 획득해 나갈 수 있는데 이 사례에서 그것을 보여주고 있다고 생각한다. 이것이 가능한 것은 치료사 자신이 이 세상과 관계를 맺으면서 자리를 가지고 있는 한 개인이기 때문이다. 즉 아동은 치료 시간과 치료사를 통해 세상에 자신의 자리를 기입하게 되는데 이러한 과정은 자신을 이해하면서 침범적이지 않은 치료사를 통해 가능하게 될 것이다. 이러한 치료적 구조와 치료사와의 점차적 접촉을 통해 아동은 시간성과 공간성을 획득해나가며 자신을 분리된 인간 존재로 세울 수 있게 된다.

A의 사례를 통해 분리에 대한 외상과 이차적 피부를 형성, 그리고 자폐적 대상이 어떤 연관 관계에 있는지를 살펴볼 수 있었다. 또한 자폐적 대상이 보호적 기능뿐만이 아니라 한 개인으로 존재하기 위한 분리의 시도임을, 그리고 자폐적 대상과 함께 철수하는 중에도 세상에 대한 접촉의 끈을 놓지 않는 자폐 아동의 계속적인 시도를 볼 수 있었다. 이것은 자폐적 대상을 좀 더 발전적으로 고민해야 함을 드러낸다.

3. 임상사례 2

B는 초등학교 4학년이며 자폐증으로 진단을 받은 남자아이이다. B와의 치료 작업은 주 1회로 약 180여회 진행되었다. 아동과의 작업은 학교에 입학하기 전 겨울부터 시작되었다. 어머니는 첫 만남에서 B가 다른 아이들과 상호작용을 잘 할 수 있었으면 좋겠다고 하셨다. 학교 입학을 앞둔 상황에서 또래 아이들과 상호작용이 되지 않던 B에 대한 걱정이 심리치료를 시작하는 계기가 된 것으로 생각된다. B는 언어치료를 오랜 기간 하고 있었으며 심리치료는 처음 시도되는 것이었다.

첫 회기에서 B는 치료사와 눈을 마주치지 않았고 한 문장 정도의 혼잣말을 했는데 목소리가 작고 발음이 좋지 않아 무슨 말을 하는지 알 수 없었다. 직접적인 신체접촉은 싫어했으나 치료사가 가까이 가는 것을 거부하지는 않았다. B는 자폐적 증상이 아주 심한 편은 아니었으며, 치료사가 하는 간단한 말과 행동을 이해할 수 있었고 경우에 따라서 반응을 보이기도 했다. 좋고 싫은 것에 대한 의사 표시를 할 수 있었으나 언어적 표현을 하기 보다는 소리나 표정 혹은 활동에 참여하거나 하지 않는 것으로 의사를 표현했고 대체로 조용한 편이었다. 치료실 안에 다른 아동이 만든 버스가 있었는데 관심을 보였으며, 다음 회기부터 버스를 그리거나 치료사와 같이 만들기 시작했다. 이때부터 버스와 기차에 대한 기나긴 여정이 시작되었으며 늘 빠지지 않는 중심 소재가 되었다.

자폐적 대상: 버스와 기차

B가 버스와 기차를 좋아하는 수준을 넘어서 항상 그것이 필요했기 때문에, 나는 그것을 통해 B와의 관계를 만들어 나가기 시작했다. 처음에 B는 버스와 기차를 책상 위에서 좌우로 굴리거나 기차 레일을 조립해 그 위에서 기차를 단순히 움직이기만 했다. 가만히 두면 반복적인 방식으로 버스와 자동차를 사용했으며 컨디션이 좋지 않을 때는 그러한 행동이 심해졌다. 그럴 때에는 내가 없는 듯이 행동했지만 가끔씩 흘깃 쳐다보기도 했고 그 때의 시선은 공허하지 않아서 B가 내가 있다는 것을 지각하고 있다고 느껴졌다. 이러한 시선을 통해 B와 소통의 끈을 연결할 수 있을 것이

라는 생각이 들었다.

B에게 자폐적 대상은 버스와 기차라고 할 수 있다. 터스틴은 자폐적 대상이란 "정신발달을 방해하는 감각-지배적인 방식으로, 각각의 아이 특유의 특정 개체, 특정한 대상이 강박적으로 사용되는 것"(Tustin, 1980, p. 34)이라고 말했다. 아동이 버스와 기차를 사용하는 것을 보면 이에 부합하는 것을 알 수 있는데, 아동과의 작업에서 늘 사용되던 대상이었으며 주로 단순하고 반복된 형식으로 사용되었다. 치료실에 들어오면 먼저 버스를 확인했으며 가져와 굴리며 관찰했다. 그 다음에 기차를 가져와 레일을 설치하고 레일 위에서 기차를 한참 동안 움직였는데 가만히 두면 혼자서 조용히 반복적인 방법으로 기차를 움직였다. 이는 자폐 껍질에 둘러싸여 있는 B를 연상하게 했는데, 자폐적 대상의 표면의 감각을 취함으로써 만들어진 자폐 껍질 안에서(Tustin, 1990, p. 60) B는 외부와 분리된 채 자신만의 세상을 구축하고 있었던 것으로 생각한다. 또한 자폐적 대상이 하나의 대상에 특정하지 않다(Tustin, 1980, p. 28)는 면에서도 B의 사용 방식에 일치한다. 특정한 버스나 기차를 원하지는 않았으며 그냥 버스나 기차면 되었다. 이는 자폐적 대상이 주로 감각-지배적인 방식으로 쓰인다는 것을 나타낸다(Tustin, 1980, p. 34).

또 하나 B가 관심을 보이는 것은 책이었는데 기억력이 좋아 한 번 읽으면 그 내용을 기억했다. 특히 그림이 들어가 있는 동화책과 지식을 전달하는 책에 대한 관심이 많았다. 아마도 템플 그랜딘처럼 시각적 기억을 이용하고 있지 않을까 추측한다.

따라서 나는 이 두 가지, 버스나 기차 그리고 책을 이용해서 치료 시간을 구성해 나가기 시작했다. 그 당시 그것이 치료시간에 B와 할 수 있는 전부였다. 버스와 기차를 가지고 혼자서 놀이하고 가끔씩 책 내용을 이야기하는 B와 의사소통할 수 있는 방법은 그것을 통하는 것이라 생각했고, 옆에서 지켜보고 있던 나는 B가 가끔 나를 쳐다볼 때와 어떤 말을 할 때 그것을 놓치지 않으려 했다. 그것이 텅 빈 시선이라 할지라도 그리고 나를 향한 말이 아닐지라도 어떠한 신호로 여기며 B에게 말을 걸고 B가 보여준 조그마한 틈들을 놓치지 않으려 애를 썼다. 그 순간들은 마치 찰나와 같아서 놓치기 쉬운 것이었다. 그 찰나의 순간에 B에게 적절한 방식으로 응하는 것, 그리고 그것을 유지하려는 것은 매우 어려운 일이었다.

나는 틈이 생겼을 때 그 틈을 좀 더 유지하기 위한 것들을 준비했다. 그것들 또한 B가 보여준 것들을 기초로 한 것이었는데, 버스와 기차 그리고 B가 말한 책의 내용을 가지고 여러 가지 B의 흥미를 끌만한 활동들을 준비하는 것이었다. 즉 자폐적 대상을 기초로 그것들과 연관된 활동들이었다. 예를 들어 처음에 버스와 기차를 그릴 종이와 연필을, 다음에 B가 그린 버스와 기차를 입체로 만들 가위와 테잎을, 그 다음에는 만든 버스와 기차를 가지고 놀이를 할 수 있는 레일이나 버스길을 만들 수 있는 재료들을 준비했다. 그 다음엔 거기에 B가 책에서 읽은 것을 이야기하면 그것을 연결시켜 놀이를 하는 것이었다. 동굴 이야기를 하면 동굴을 만들고 거기에 어떤 동물들이 있는지를 이야기하면 그것들을 같이 그리고 오려서 이야기를 만드는 식이었다. 물론 버스와 기차를 타고 동굴로 가야했다. 이야기는 매우 단조로워서 B가 읽은 내용들만 허락되었으며, 내가 다른 이야기를 첨가하면 늘 갸우뚱한 표정으로 고개를 약간 옆으로 젖히며 나를 쳐다보거나 자신이 알고 있는 내용을 반복적으로 말하며 내가 그것에 동의하기를 원했다. 그러나 나는 B가 원하는 방식으로만 끌려가지는 않았고 B가 한 이야기를 바탕으로 아주 조금씩 다른 이야기들을 첨가해 나가거나 다른 것으로 확장을 시켜 나갔다. 만약 B가 원하는 방식으로만 응했다면 나는 B에게 자폐적 대상으로 기능하게 되는 것(Tustin, 1980, p. 67)이고, 그것은 B에게 전혀 도움이 되지 않았을 것이라고 생각한다(Alvarez, 2006, p. 66). B와의 작업들은 보통의 아이들과의 놀이처럼 흥미진진하거나 정서가 표현되는 방식이 아니며 환상이 나타나지 않아(Tustin, 1980, p. 28) 매우 단조롭고 단순하고 뚝뚝 끊기며 반복적인 요소가 많다. 그렇지만 중요한 것은 B가 혼자가 아니라 나와 같이 이것들을 해나간다는 것이다.

나는 상호작용이 어려운 B와의 작업에서 나 자신이 자폐적 대상이 되기를 바라지 않았지만, 그렇다고 B의 방식을 무시하고 싶지 않았다. 따라서 B를 존중하면서 내가 있다는 것을 알리는 방식을 택해야 했고, 그것이 자폐적 대상인 기차와 버스를 사용하는 것이었다. 그리고 다행히 아동은 버스와 기차만 있다면 나의 참여를 거부하지 않았다. 나는 아주 조금씩 서서히 B가 받아들일 수 있는 범위 내에서 B의 활동에 참여했다. B가 좋아하는 버스와 기차로 할 수 있는 모든 것들을 생각해 보았고 준비했다. 어떤 때는 B가 반응을 보이지 않기도 했지만 대체로 B는 준비한 것들에 반응을 보였고 가끔씩 반짝이는 눈빛을 보이기도 했다. 어떤 측면에서 내가 좀 더 주도적인 면도 있었지만, 늘 똑같은 방식으로 혼자서 버스와 기차를 사용하는 B에게, '내가 함께 그곳에 있다는 것'과 '대상과 함께 하는 것이 결코 두려운 일이 아니라는 것'을 알려 주기 위해 내가 할 수 있는 최선이었다. 다행히 B는 자신의 방식과 나의 방식이 같이 공존하는 것을 받아들였고, 그렇게 일 년이 지나자 B는 나와 같이 놀기를 원한다는 눈빛을 보내 왔다. 나와 같이 놀지 않으면 심심해하는 것이 보였고, 내가 가만히 있으면 자신이 먼저 놀이의 신호를 보내왔다.

자폐적 대상에서 살아있는 대상과의 관계로 나아가기

다른 면에서도 달라지는 부분들이 나타나기 시작했다. 최초의 회기에서 B는 사람을 그리지 못했는데, 시간이 지나자 얼굴을 그릴 수 있었으며(사진12) 43회기에 사람을 몸 전체 모습으로 그릴 수 있었고(사진13), 54회기에는 버스를 그린 그림에 사람들을 그려 넣기 시작했으며(사진14) 버스에 점점 더 많은 사람을 그려 넣기

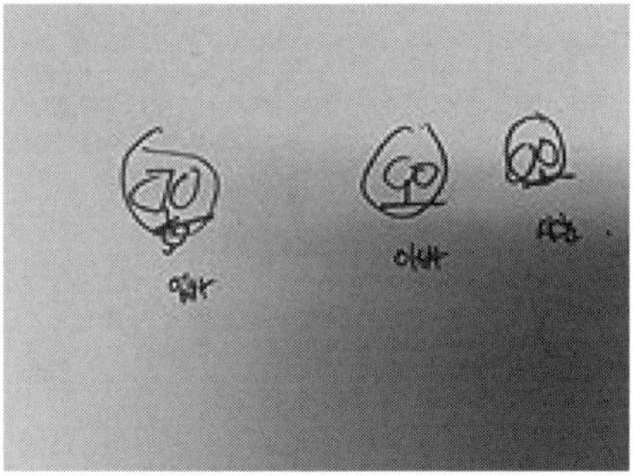

〈사진 12〉

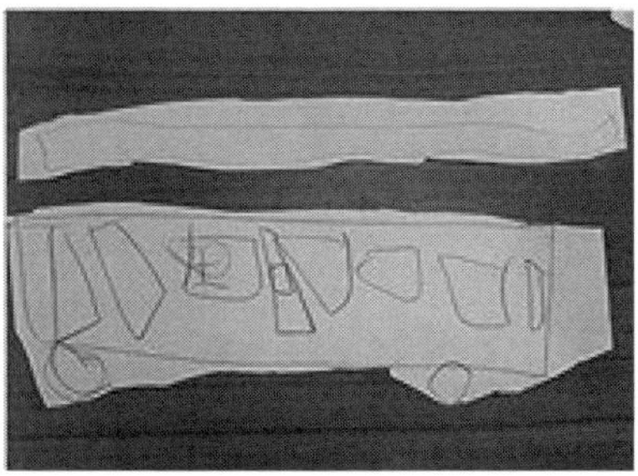

〈사진 13〉

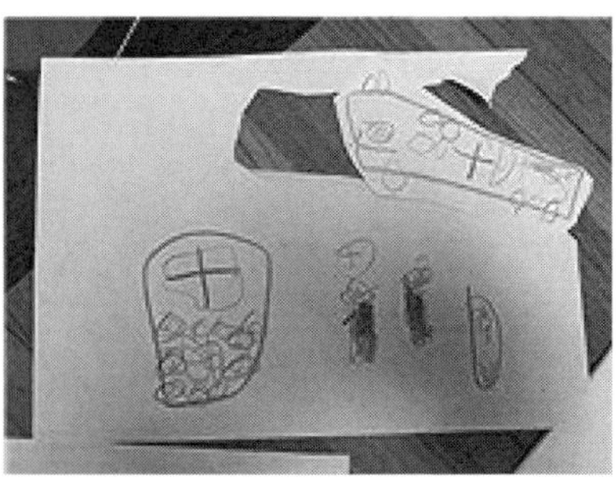

〈사진 14〉

시작했다(사진15). 그 회기에 B는 나의 손에 자신의 손을 얹었는데, 이것은 B가 자발적으로 나에게 접촉한 최초의 시도였다.

그리고 이쯤부터 역할놀이가 가능해졌다. 자신이 경험해 본 병원에서의 상황을 해보는 것이었는데 간단한 문장을 계속해서 반복했지만 역할을 나눠서 할 수 있었다. 이때 B는 자신이 알고 있는 것들을 이야기 하는데 눈이 아프면 안과, 팔을 다치면 정형외과 이런 식의 지식을 나열하고 내가 B가 원하는 반응을 할 때까지 계속 반복했다. 나는 B가 원하는 반응과 함께 조금 변형된 반응을 보여주기도 했다. 그러면 B는 이해할 수 없다는 표정으로 고개를 갸웃거리다가 몇 번 반복하면 받아들이기도 했다. 이 시기에 학교에서는 자신의 짝에게 관심을 보이기 시작했다고 어머니께서 말씀하셨다. 짝에 대해 물어 보면 약간 다른 표정을 보이기도 했다.

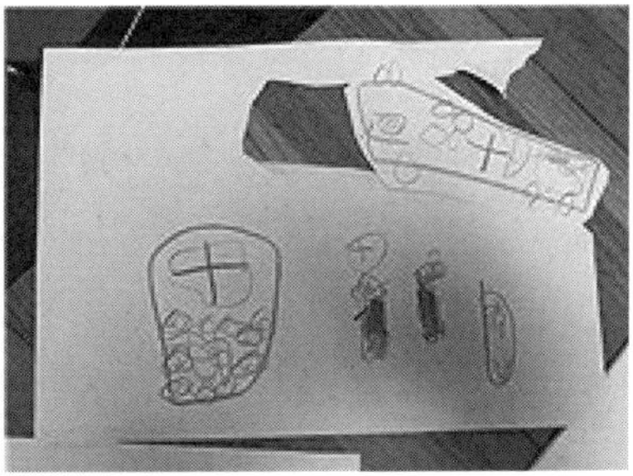
〈사진 15〉

이러한 B의 변화는 B가 자폐적 대상을 이용한 놀이를 통해 안전감을 가지고 치료사라는 대상을 접촉하고 인식하게 됨으로써 점차 자폐 껍질에서 나와 세상과의 접촉을 시도하는 것으로, 대상에 대한 인식과 함께 분리를 수용하는 것으로 볼 수 있다. 놀이에 대한 신호를 먼저 보내는 것과 자발적인 신체 접촉 그리고 단순하고 반복적이지만 역할을 나눠서 놀이를 할 수 있는 것에서 나를 대상으로 인식하고 있는 것으로 생각할 수 있다. 그리고 짝에 대한 관심은 나를 대상으로 인식하는 것을 넘어서 점차 주변 사람들에 대한 인식을 하기 시작했다는 것을 의미한다. 이는 아주 초보적인 것이고, 그러한 인식이 지속적이지는 않지만 이를 통해 B를 둘러싸고 있던 자폐 껍질이 얇아지고 탄력적이 되는 것을 나타내 준다고 생각한다. 또한 점차 자폐적 대상과의 관계에서 살아있는 대상과의 관계로 관계 형태가 변화하고 있는 것이라고 추측해 볼 수 있다. 이와 함께 그릴 수 없었던 사람을 그리고 그 형태가 점점 발전하는 것과 버스와 건물에 사람을 그려 넣는 것은 심리적 발달과 함께 인지적 발달도 조금씩 이루어지고 있음을 알 수 있다. 그러나 아직까지 자폐적 대상은 치료 작업에서 중심을 차지하고 있었다.

그 후 계속해서 버스와 기차는 등장했는데, 버스와 기차를 중심으로 자신의 현실과 연결시키는 작업들이 시도되었다. 그 전까지는 동화 내용과 연결되었다면, 이제는 버스 타고 가며 보이는 건물이나 타고 갈 수 있는 곳, 그리고 기차를 타고 가보았던 장소들에 대한 이야기를 하기 시작했다. 나는 먼저 버스를 타고 치료실에 오면서 보이는 큰 건물들을 어머니에게 물어 사진들을 출력했고 이것을 B와 같이 만든 도로 옆에 배치하면서 놀이를 했다(사진16). 또한 B가 실제 기차를 타고 다녀 온 곳을 물어보고, 그것을 중심으로 그림을 그리기도 하고 도로 주변을 꾸미기도 했다(사진17). 이러한 활동들은 점차 주변에 관심을 보이려는 신호를 보이고

〈사진 16〉

〈사진 17〉

있는 B에게 다가갈 수 있는 현실부터 접촉할 수 있게 해주기 위함이었다. 이러한 작업 후 그 전에는 기차 레일을 만들고 기차를 움직이는 것에만 관심이 있었다면 이제는 기차역 주변을 레고로 만들어 나가기 시작했다. 이 시기에 B가 그린 그림들을 보면 초기와 달리 구성 요소들이 많아지고 복잡해지는 것을 볼 수 있다(사진18, 19). 역할 놀이는 계속되었지만, 버스와 기차로 놀이 시 장난감을 나에게 나눠 주지는 않았다. 내가 달라고 하면 잠깐 주었다가 이내 다시 가지고 가곤 했다. 이는 대상과 분리에 대한 인식이 아직까지는 지속적이지 않다는 것을 나타내준다고 할 수 있다.

〈사진 18〉

〈사진 19〉

B는 점차 버스와 기차를 찾는 횟수가 줄어들기 시작했고 다른 활동들을 시작했다. 그 전에도 다른 활동들을 하긴 했지만 버스와 기차를 중심으로 한 부가적 활동이었다면, 이제는 버스와 기차가 부가적으로 놀이에 사용되기 시작했다. 그리고 관심이 공룡과 곤

충으로 넓어졌으며 놀이 시 인형을 사용하고 다른 자동차 장난감을 사용하기 시작했다. 또한 여러 가지 장난감을 조합해서 놀이를 할 수 있었다. 기차놀이 시 레일을 만들 때 이전에는 단순하게 레일을 만들고 기차를 움직였다면, 이제는 나의 도움 없이도 아동 스스로 여러 가지를 이용해 기차 레일을 만들 수 있었고, 이에 그치지 않고 먼저 어떤 상황을 만들어 놀이를 했다. 주로 반복하는 이야기가 있는데 사고가 나서 신고하면 119가 와서 구출해주고 구급차로 병원에 가는 상황들에 대한 것이다. 이 이야기는 두 가지 경우로 추측해 볼 수 있는데 하나는 아동의 전반적인 상황을 나타내는 것이라 볼 수 있고, 다른 하나는 특수한 상황에서 나타나는 것이라 볼 수 있다. 아동의 가장 큰 어려움이 다른 사람과의 상호작용이라고 볼 때 아동은 자신의 상황이 매 순간 사고처럼 느껴졌을 것 같다. 일반적으로 아동들이 이러한 놀이를 즐기는 시기가 있지만 유독 이 이야기를 반복하는 것을 고려할 때 그러하다는 것이다. 다행히 구해주는 소방대원과 구급대원이 있어 늘 구조 된다. 치료 초반에 B가 이 이야기를 상시적으로 반복했다면 이제는 특수한 상황에서만 이 이야기한다. 특수한 상황은 다음과 연관되어 있다.

이 시기부터 B는 치료실에 들어오면 버스와 기차를 한 번 쳐다보고 만져 보기만 할 뿐 가져오지 않고 자리에 앉아 치료사를 바라보고 그날 하고 싶은 이야기를 했다. 주로 책에서 읽은 내용이나 텔레비전에서 보고 들었던 것 중 인상에 남았던 것을 이야기하는데 B만의 일정한 톤이 있으며 대화체이기보다는 완결된 문장으로 이야기를 한다. 이것에 대해 나의 반응을 살피고 이야기를 계속 이어나가기를 바라는 표정을 짓는다. 이야기가 끝나갈 때 쯤 B는 "오늘 뭐해요?"라고 묻고 나는 아이의 이야기를 듣고 그것을 바탕으로 할 수 있는 활동들을 제안한다. B는 그것을 듣고 마음에 들면 활동을 하고 그렇지 않으면 거절을 한 후 버스를 가져오거나 기차를 가져와 사고 나고 구출되는 놀이를 반복하며 나를 쳐다본다. 아마도 이렇게 반복되는 상황에서 벗어나고 싶은 뜻이라 생각하며 나에게 그것을 요청하는 것이라는 느낌이 든다. 나는 그럴 때 새로운 놀이를 고안해야 한다는 압박감을 받기도 하는데, B의 입장에서는 자신이 그렇게 할 수 없으므로 나를 통해 그 상황에서 벗어나 좀 더 다른 놀이의 세상으로 가고 싶다는 표현을 그렇게 할 수밖에 없었다고 생각한다. 지루한 상황이 되면 B는 어김없이 사고가 나고 구출되는 상황을 연출했고 나는 그것을 일종의 신호로 받아들였다. 즉 B가 자폐적 껍질 안으로 철수하려는 순간에 대한 신호로 받아들임과 동시에 나를 쳐다보는 아동의 시선에서 그것을 원하지 않는다는 뜻으로 받아들였다.

이러한 사고와 구출 놀이에 관한 해석을 바탕으로 놀이는 조금씩 발전했고 그 결과 B의 관심은 넓어져 갔다. B는 점차 또래 친구들에게 관심을 두기 시작했는데, 학교에서는 친구들에 대한 관심을 신체를 터치하는 것으로 표현해서 곤란한 상황이 되기도 했다. B는 학교생활에 자신이 할 수 있는 만큼 적극적으로 참

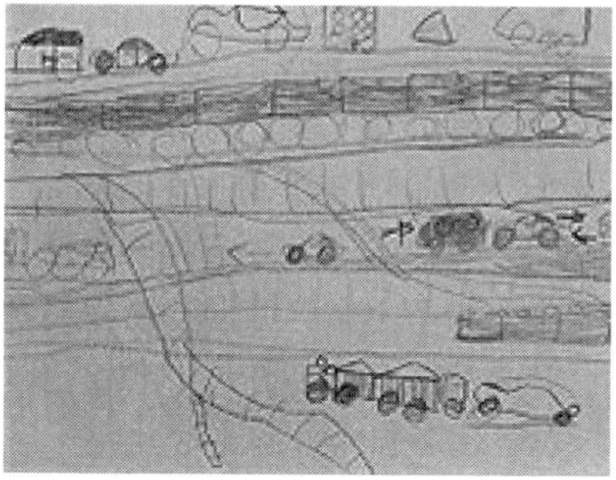

〈사진 20〉

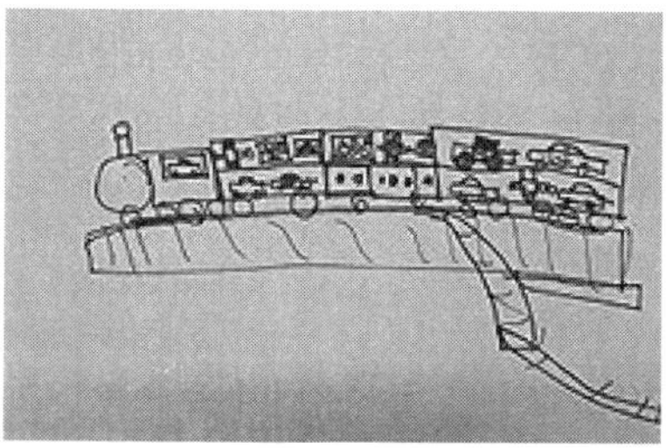

〈사진 21〉

여했고 재밌어 했다. 반 친구들의 도움으로 크게 어려움을 겪지는 않았고, 지역아동센터에서도 잘 적응하였다. 이 당시 아동은 언어치료와 운동치료의 그룹 세션에 참여 했는데 초기에는 그룹 활동에 어려움이 있었지만 적응해서 이제는 활동에 잘 참여하고 있다고 했다. 또한 B의 그림은 표현 방식이 점점 더 정교해지고 있다(사진 20, 21). 이러한 상황을 볼 때 B는 대상에 대한 인식과 그 지속성이 점차 증가하고 있으며 인지적 발달이나 다른 여러 부분에서 지속적으로 발달이 성취되고 있는 것으로 보인다.

B가 치료사와의 관계에서 물러나 버스와 기차를 사용하여 자신의 세계로 들어가는 것을 보면 B는 그것들의 감각을 취하는 것이라고 생각할 수 있다. 버스와 기차의 표면에서 얻은 감각으로 자폐 껍질을 형성하는 것이라고 볼 수 있는데 처음에는 그것이 단단해 보였지만 점차 얇아지고 있는 것으로 보인다.

B는 치료 초기에 자폐적 대상을 사용해 존재하고 있었다고 생각한다. 가끔씩 나에게 주는 시선을 통해 나에 대한(대상에 대한) 인식 자체가 없는 것은 아니었지만 그 인식이 매우 희미했던 것으로 생각한다. 치료가 진행됨에 따라 B는 나를 살아있는 대상으로 인식하기 시작했으며, 그 인식이 연속성을 띠기 시작했다고 볼 수 있다. 즉 치료 초기 자폐적 대상인 버스와 기차를 통해 자신의 존재를 인식하던 B가, 자폐적 대상을 사용한 활동을 통한 치료사와의 점차적 접촉을 통해 치료사라는 대상을 인식할 수 있게 되었으며, 치료사라는 살아있는 대상을 통해 자신의 존재를 확인하는 단계에 접어들었다고 볼 수 있다. 그러나 아직 자폐적 대상을 완전히 포기하지는 않은 것으로 생각하는데, 치료사와의 활동이 중단될 시 다시 자폐적 대상과 함께 자신 안으로 철수하는 경향을 보이기 때문이다. 치료사와의 활동이 중단되는 것은 자신의 존재를 확인하지 못하는 결과를 초래하여 다시금 자폐적 대상을 취하게 되는 것으로 생각할 수 있다. 이것은 살아있는 대상과의 관계가 단절될 시 유아가 자폐적 대상을 취하는 경로를 보여주는 중요한 단서라고 볼 수 있다.

또한 아동이 향성을 투사할 때 그것을 수용해 주는 대상이 없을 경우 자폐적 피난처로 철수 하는 것을 보여주는 것이라고 할 수 있다(Korbivcher, 2015. p. 201). 이는 치료사로 하여금 계속해서 살아있는 대상으로 기능할 것을 요구하는 것으로, 치료사가 살아있는 대상으로 기능하는 것이 얼마나 중요한지를 보여 준다. 터스틴은 치료사가 자폐적 대상으로 기능하지 않을 것을 권고한다(Tustin, 1980, p. 67). 치료사가 너무 부드럽거나 너무 수용적이지 않을 것을 말하는 것으로(Tustin, 1980, p. 34), 이에 대해 알바레즈 또한 동의하며 이러한 방식이 아이의 발달을 지체시킨다고 말한다(Alvarez, 2006, p. 66). 그렇다고 해서 침범적이어서는 안될 것이다. 치료사가 살아있는 대상이 된다는 것은 치료사가 치료실 안에서 아동과 함께 있을 때 자신이 그 공간과 시간에 존재하고 있다는 것을 주장하는 것이라고 생각한다. 이 주장이 침범적이지 않은 방식을 치료사는 찾아야 할 것이며, B와의 작업에서 그 방식은 자폐적 대상을 이용하는 것이었다.

이렇게 자폐적 대상을 이용한 놀이를 통한 치료사와의 접촉과 대상 인식은 점차 주변으로 확대되는 것을 볼 수 있다. 또래 관계에 관심을 보이는 것과 새로운 관계에 들어갈 때(학교나 지역 아동센터 등)에도 크게 어려움을 보이지 않는 것을 보면 분리를 자연스럽게 획득해나가며 자신을 하나의 개체로 인식해 나가고 있는 것으로 볼 수 있다. 물론 지금의 상태는 초기적이라 할 수 있으며, 그것이 어느 정도의 단계까지 나아갈 수 있을지 알 수 없지만, B는 그 과정을 조금씩 성취하고 있는 것으로 보인다.

이러한 상태는 B가 자폐적 대상으로 자신의 존재와 삶을 전적으로 구축하던 방식에서 벗어나 자폐적 대상을 선택적으로 사용할 수 있게 되었다고 생각할 수 있다(Alvarez, 2006, p. 66). 이는 템플 그랜딘에서의 예에서 볼 수 있듯이 자폐적 대상이 자신의 불안을 달래주는 용도로 축소되고 이를 바탕으로 자신의 사회적 삶을 구축할 수 있는 가능성을 보여준다고 할 수 있다.

이후 B는 기차와 버스보다는 책에서 본 내용에 관심을 더 두었다. 여전히 치료실에 들어오면 버스를 한 번 만져보았지만 놀이 시 반드시 그것을 필요로 하지는 않았다. 그럼에도 버스와 기차는 B에게 안정감을 주는 것으로 보이는데 버스와 기차가 있을 시 좀 더 편안하게 놀이를 하는 것을 볼 수 있었다. B의 관심사는 역사에 관한 것으로 옮아갔고 그것에 대해 이야기를 하고 그것을 중심으로 놀이를 하고 만들거나 그리는 것을 즐겼다. 가끔은 정형화된 농담을 해서 함께 웃기도 했다.

여전히 B는 자폐적인 증상들을 뚜렷이 가지고 있으며, 상징화가 덜 된 구체적이고 실질적인 사고를 하는데 예를 들어, 세계의 각 대륙에 대한 이야기가 나왔을 때 버스를 타고 이집트에 가보자고 제안하면 B는 갈 수 없다고 한다. 비행기가 아닌 버스를 타고는 그곳에 갈 수가 없다는 뜻이다. 이에 나는 잠시 생각하다가 날개를 오려 버스에 붙여 주었다. 그러자 B는 버스를 타고 날아

〈사진 22〉

〈사진 23〉

서 이집트로 가는 놀이를 할 수 있었다. B는 자폐적 대상을 때때로 사용하고 있으며 여전히 상호작용에 어려움을 가지고 있다. 그러나 조금씩 자신만의 세계에서 벗어나는 것을 보이고 있으며, 치료실 안에서 그리거나 만들어내는 작품들은 복잡해지고 완성도도 좋아지고 있다. 무엇보다 B는 습득력이 좋아서 치료사와 함께 한 작업들은 기억하고 그것을 집에서 해보기도 한다. 처음 이차원적인 작업이 3차원적인 작업으로 나타나고 있으며 이를 어렵지 않게 할 수 있다(사진22, 23).

B와의 작업에서 자폐적 대상은 아동과 치료사를 연결해주는 동시에 분리를 도입하며 대상을 인식하게 하는 매개체로 사용되었다. 이것은 아동의 측에서가 아니라 치료사 측에서의 설정이었고 접근이었다.

멜라니 클라인이 딕과 한 작업을 보면 클라인은 장난감에 '이것은 엄마, 이것은 아빠...'라고 해석을 시도하며 상징성을 부여하는 것을 볼 수 있다. 이에 대해 라캉(Lacan)은 스스로 상징을 형성할 수 없는 아동에게 클라인이 이러한 명명을 통해 상징성을 도입함으로써 치료의 진전에 있어 중요한 전환을 이루었다고 말한다. 이러한 치료사 측에서의 점차적인 공간 도입과 상징의 사용은 심리적 공간을 발생시키지 않은 자폐 아동에게 공간을 발생시키는 효과를 가져 온다고 추측할 수 있으며, 이를 통해 분리를 받아들이고 심리적 정신적 발달을 성취해 나간다고 볼 수 있을 것이다.

이와 마찬가지로 아동이 자폐적 대상을 통해 융합을 시도했다면, 치료사는 자폐적 대상을 통해 분리를 시도했으며 따라서 대상에 대한 인식이 증가하고 있음을 볼 수 있다. 대상과의 동등시를 위해 사용되었던 자폐적 대상이 치료사에 의해 살아있는 대상을 인식하고 분리하는 매개체로 사용된 것이다. 이는 자폐 아동이 자신의 존재를 자폐적 대상을 통해 확인하던 것에서 벗어나 점차로 살아있는 대상에게로 안전하게 옮아갈 수 있도록 돕는 역할을 했다. 따라서 만약 자폐적 대상이 아동과 접촉할 수 있는 유일한 수단일 경우 이것을 적극적으로 활용할 필요가 있다.

또한 이 아동의 사례는 살아있는 대상이 아동이 향성을 투사할 때 그것을 수용하고 그것을 변형시켜 돌려주는 것의 중요성을 보여준다. 그렇지 못할 경우 자폐적 피난처로 철수하는 모습을 보며 (Korbivcher, 2015. p. 184) 인간이 원초적으로 대상 추구의 경향성을 가지고 있음을 확인할 수 있었다(Korbivcher, 2015, p. 184). 즉 살아있는 대상과의 관계가 성립되지 못할 시 이를 대신할 대상을 찾는다고 볼 수 있으며, 그것이 자폐적 대상이라고 추론할 수 있을 것이다.

Ⅳ. 논의

1. 자폐적 대상이라는 명칭에 대하여

터스틴은 감각 지배적이고 강박적으로 사용되는 것을 자폐적 대상과 자폐적 형태로 구분한다. 자폐적 대상은 단단한 느낌을 제공하는 대상과의 접촉에 의해 만들어 진다(Tustin, 1990, p. 58). 이러한 단단한 느낌은 자폐 아동들에게 '안전감' 제공하며, 자신의 신체의 일부로 경험된다(Tustin, 1990, p. 124). 자폐적 형태는 아동 자신의 신체 감각이나 외부 대상의 부드러운 촉감에 의해 만들어지며 자폐적 대상과 달리 일정한 형태가 없다(Tustin, 1990, p. 59). 이것은 달래고 진정시키는 역할을 한다(Tustin, 1990, p. 125).

자폐적 대상과 자폐적 형태 모두 억압과 억제를 가져오기 때문에 정서발달과 인지발달을 저해한다는 점과 주로 감각 지배적인 방식으로 쓰인다는 점, 그리고 그것들이 일반적인 방식으로 쓰이지 않는 점에서는 동일하다(Tustin, 1990, p. 125). 또한 모두 자폐적 껍질을 만드는 재료로 쓰인다는 점(Tustuin, 1990, p. 60)에서도 동일하다.

이러한 동일성의 측면에서 자폐적 대상과 자폐적 형태를 통칭할 수 있는 명칭의 필요성을 제기한다. 또는 주체와 자폐적 대상의 관계적인 측면을 "점착성 유사-대상관계"로 볼 때 이 둘을 자폐적 대상으로 통칭해서 부를 수 있을 것이다. "점착성 유사-대상관계"에서 대상들은 감각적 차원에서 사용되고(Mitrani, 2015, p. 206), 대상과의 점착성 동등시가 지배한다(Mitrani, 2015, p. 206). 이 동등시에서 대상과의 융합이 발생하는데 이때 자폐적 형태들의 감각적 차원, 즉 끈적거리는(Tustin, 1990, p.125) 감각이 사용될 수 있다. 따라서 자폐적 대상의 단단한 감각을 사용하여 외부 대상과의 분리를 통해 고립 상태를 만들어내는 것처럼 보이지만, 그 이면에는 자폐적 형태의 감각들을 사용하여 자폐적 대상과의 융합을 통해 동등시를 이루어내는 것이라 볼 수 있다. 터스틴 또한 자폐적 형태가 자폐적 대상의 사용을 강화하고 유지시킨다고 말한다(Tustin, 1990, p. 32). 따라서 자폐적 대상과 자폐적 형태는 분리해서 사용되는 것이 아닌 동시에 사용하는 되는 것이라 할 수 있다. 즉 자폐적 형태는 자폐적 대상의 다른 측면이라고 볼 수 있을 것이며, 이에 따라 자폐적 대상으로 통칭하여 부를 수 있을 것이다.

그러므로 자폐적 대상을 단단한 사물로 한정하는 것에서 벗어나 대상과의 관계 형식이 "점착성 유사-대상관계"라면 그 대상을 자폐적 대상이라고 부를 수 있을 것이다. 따라서 자폐적 대상은 대상과의 관계를 포함하는 용어로 볼 수 있다.

2. 자폐적 대상의 양가성

터스틴은 자폐 아동이 자폐적 대상을 사용함으로써 그들의 발달에 어떠한 부정적 영향을 미치는지에 대해 많은 관찰을 했고 이를 집중적으로 논의했다. 주체와 자폐적 대상의 관계 양태라고 볼 수 있는 "점착성 유사-대상관계"에 대해 미트라니는 이 관계 양태가 항상 병리적이라고 말한다(Mitrani, 2015, p. 198). 이것은 이 존재 양태가 주체의 삶을 지배하고 있다는 것을 말하며 이 관계에서는 이후의 발달 과정의 성취가 어렵다는 것을 예상할 수 있다. 주체가 이 양태에 머무르는 한 분리와 대상에 대한 인식이 어려우며 이로 인해 분리가 만들어내는 공간을 형성하기 어렵다. 따라서 공간의 발생이 가져오는 상징화의 과정은 일어나지 않으며 그로 인해 심리적 출생 자체가 일어나기 힘들게 된다. 그 결과 육체적 자리가 세상에 마련되어 있지만 주체는 그것을 자신의 자리로 인식하지 못한다.

그러므로 "자폐적 대상과의 관계 양태인 "점착성 유사-대상관계"는 정상적 발달의 비상징적 일탈이라고 볼 수 있다."(Mitrani, 2015, p. 198) 그러나 이것은 정상적 발달에서의 실패를 만회하기 위한 주체의 해결책이라는 측면에서 살펴볼 수 있다. 애석하게도 이 해결책은 병리의 원인으로 작용됨으로 인해 일반적인 대상관계를 발달시키지 못하게 한다. 그러나 주체의 해결책이라는 측면을 다시금 상기해보면 이 양태는 대상을 통해 자신의 존재를 확인하려는 자폐 아동의 계속적 시도라는 것을 알 수 있다. 따라서 이 양태는 자폐 아동이 존재함과 존재하지 않음 사이에서 흔들리고 있다는 것을 잘 나타내 준다. 이는 인간의 존재가 타자에 의해서 그리고 대상에 의해서 확인된다는 것을 고려해 볼 때, 이를 다르게 표현해보면 대상 있음과 없음 사이에서 끊임없이 흔들리고 있는 것이라고 할 수 있다. 또한 "점착성 유사-대상관계"가 외부적으로는 대상과의 분리를, 그리고 내부적으로는 대상과의 점착성 동등시를 나타낸다고 할 때, 이것은 분리와 융합의 두 가지 측면을 가지고 있다고 볼 수 있다. 따라서 자폐적 대상은 존재함과 존재하지 않음, 대상 있음과 대상 없음, 그리고 분리와 융합의 양가성을 가지고 있다고 할 수 있으며, 이는 자폐적 대상이 환경의 영향에 따라 변화할 수 있음을 내포하는 것이라 추론해 볼 수 있다.

터스틴은 자폐적 대상에 대한 연구에서 그것의 보호적인 측면과 부정적인 측면을 기술하는데, 발달에 있어서는 부정적인 측면을 훨씬 강조하는 것으로 보인다. 이렇게 두 가지 측면으로 구분하여 보는 것은 자폐적 대상이 주체에게 미치는 효과에 대해 자세히 살펴볼 수 있는 장점을 제공한다. 그러나 부정적인 측면이 강조됨으로써 자칫 자폐적 대상이 제거의 대상으로 오인될 소지가 있다. 또한 결과론적으로 기술하는 것은 근본적으로 주체가 자폐적 대상을 선택하는 이유에 대해 밝히기 어렵다고 생각한다.

따라서 연구자는 주체가 자폐적 대상을 선택하는 이유에 대해 자폐적 대상이 지니는 존재함과 존재하지 않음, 대상 있음과 대상

없음, 그리고 분리와 융합의 양가적인 측면 중에서 존재함, 대상 있음 그리고 분리의 측면에 대한 의미와 역할을 살펴보고자 한다. 이러한 측면들은 인간이 원초적으로 대상을 추구한다는 경향성을 말해주는 것이며 또한 인간은 자신의 향성을 투사할 대상을 필요로 한다는 것을 보여주는 것(Korbivcher, 2015, p. 184) 이라고 생각한다. 또한 이것은 존재의 연속성의 느낌이 왜 그토록 중요한가에 대한 질문을 던져 준다.

먼저 그들의 존재 방식은 감각적인 측면에 머무른다고 했다. 대상의 표면에 달라붙어 표면의 감각만을 취하며 그것과 동등시한다. 그것도 자신이 선택한 대상에게서 자신이 원하는 감각만을 취한다. 이것은 감각 이외의 대상의 측면은 인식하지 않으려는 태도이다. 따라서 대상은 오로지 감각으로만 축소된다. 이것은 감각으로 인해 외상이 발생했음에도 감각 자체를 포기하지는 않는 것이다. 칸트(Kant)가 말한 대상은 인식되어지는 한에서 그리고 대상의 출현은 감각을 통해서라는 것(Kant, 2009, p. 261)을 생각해 볼 때, 감각 자체를 포기하지 않는 것은 대상에 대한 인식을 놓지 않는 것이라고 볼 수 있다. 어떠한 이유에서건 대상인식의 과정에 어려움이 생겼음에도 불구하고 감각의 유입 자체를 포기 하지 않는 것과 더불어 자신이 감당할 수 있는 감각의 차원, 즉 대상 인식의 근원에 대한 끈은 놓고 있지 않은 것이다. 따라서 대상에 대한 인식이 파국적으로 느껴짐에 따라 그것을 차단하는 방향에서 볼 수 있지만, 그럼에도 존재함의 근원인 감각으로서의 대상에 대한 문은 열어 놓고 있는 것으로 볼 수 있다. 이는 꼬르비쉐르가 비온의 향성에 대한 글에서 "유기체가 자극의 원천을 향해 접근하거나 그것으로부터 철수하는" 원초적인 현상의 영역이라고 부른 것을 확인해 준다(Korbivcher, 2015, p. 184). 또한 향성을 투사할 대상이 없을 때 향성은 소리나, 환상, 접촉, 의사소통의 수단 안에 갇히게 된다는 그녀의 주장을 바탕으로 향성이 자폐적 대상 안에 갇히게 된다고 볼 수 있다(Korbivcher, 2015, p. 185). 이것은 향성을 가진 인간으로서 그것을 투사하고 대상에 의해 수정됨으로써 존재하고자 하는 자폐 아동의 필사적 시도라고 할 수 있다. 즉 자폐아동은 자폐적 대상을 통해 자신이 존재하기로 결정했음을 보여주는 것이다.

따라서 두 번째 측면에서 자폐 아동은 대상 있음의 측면을 추구한다고 볼 수 있다. 자폐 아동은 분리에 대한 외상으로 인해 대상에 대한 인식을 지우려 하거나 또는 막으려 한다, 이 점이 바로 이제까지 살펴본 학자들에게서 발견되는 공통된 주장이다. 대상과의 분리로 인해 발생한 구멍을 표상화시키지 못함으로 인해 발생한 멸절에 대한 불안을 없애기 위해 그에 대한 근원이라고 여겨지는 대상 자체를 인식하지 않으려 한다는 것이다. 그러나 다른 측면에서 자폐적 대상 혹은 "점착성 유사-대상관계"라는 용어를 살펴보면, 이 양태에서의 대상이 일반적 대상의 지위를 획득하지 못했다 하더라도(Tustin, 1986, p. 128) 그것이 대상임에는 틀림없는 사실이다. 미트라니는 이것이 관찰자의 눈에만 확인되는, 주체에게서는 확인되지 못하는 대상이라고 말을 한다(Mitani, 2015, p. 40). 그러나 앞서 감각의 유입이 대상에게서 오는 것(Kant, 2009, p. 261)임을 확인할 때 그리고 주체가 자신이 원하는 감각을 가진 대상을 취하는 것으로 볼 때, 대상에 대해 인식 하지는 못할 지라도 대상 있음을 추구하고 있다고 볼 수 있다. 이는 모든 정신적 활동의 모체가 되는 향성(Bion, 1992, p. 34)을 대상을 통해 정신적 요소로 바꾸고자 하는 경향성을 자폐 아동이 실현하는 것으로 볼 수 있다. 또한 원초적으로 대상을 추구하는 경향성을 가지고 있는 한 인간으로서 자폐 아동은 대상 있음을 추구하고 있는 것이라고 볼 수 있다(Korbivcher, 2015, p. 184).

세 번째, 분리와 융합의 측면을 살펴보면, 분리로 인한 외상을 막기 위해 대상과의 융합을 시도한다고 볼 때 이것은 대상 자체를 지워 버리는 효과를 낳는다고 볼 수 있으며 이는 주체 자신도 지워 버리는 결과를 초래한다고 볼 수 있다(Mcdougall, 1989, p. 33). 그렇다면 이는 존재함을 위한 것인지, 존재하지 않음을 위한 것인지 모호하게 된다. 말 그대로라면 외상으로 인한 존재의 멸절에 대한 느낌을 막기 위해 존재하지 않음을 선택하는 것이라고 볼 수 있다. 그러나 앞서 빅과 앙지외의 논의에 따르면 아기는 대상을 통해 일차적 피부를 획득하며 자신의 피부를 형성하게 되고 이는 자신의 신체를 통합함과 동시에 심리적 비통합의 상태를 통합의 상태로 이끄는 역할을 한다(Bick, 1968, p. 484). 이러한 피부는 외부 대상과의 경계면을 형성하면서(Anzieu, 2013, p .80) 외부 대상과의 접촉을 허락하면서 분리를 돕는다. 이는 연결과 분리를 동시에 획득하는 것이라고 볼 수 있다. 이것의 병리적 형태가 이차적 피부(Bick, 1968, p. 484)라고 볼 때 이차적 피부 형성 과정에서 주체는 대상의 단단한 표면의 감각만 취함으로써 완벽한 분리를 이루고자하는 것으로 볼 수 있다. 이 완벽한 분리의 시도는 역설적으로 외부의 침투를 허락하지 않으면서 대상과 동등시하는 상태를 만들어 심리적 융합 상태에 머무르게 된다. 여기서 자폐적 대상으로 획득한 이차적 피부가 아동을 고립 상태에 머무르게 하고 일시적 평온 상태에 머무르는 것은 대상에 대한 접촉과 분리를 동시에 획득하면서 분리와 재 연결을 병리적 방식으로 획득하고 있는 것이라고 볼 수 있다. 이것은 위니캇이 이야기한 절대적 의존과 절대적 독립이 동일한 것이라고 서술될 수 있는 상태라고 할 수 있다 (Winnicott, 2011, p. 342).

따라서 자폐적 대상을 사용해 얻으려는 것이 이차적 피부이고 이것이 일차적 피부를 모방하기 위한 시도라면(Gaddini, 1969, p. 478) 이는 오히려 외부와의 분리를 이루어내려는 시도라고 볼 수 있다. 이때 완벽한 분리는 주체의 오해의 산물로 이러한 분리와 내적인 통합은 일시적일 수밖에 없다. 왜냐하면 내사를 통해 자신의 일차적 피부를 형성할 수 없으므로 자폐적 대상의 표면과의 동등시를 통해 얻은 이차적 피부는 일시적일 수밖에 없기 때문이다. 그러므로 항상 자폐적 대상이 필요하게 된다. 따라서 자폐 아동은 자폐적 대상을 통해 인간 개체의 존재의 근거인 분리에 대해 끊임없는 시도를 하고 있는 것이다.

이러한 세 가지 측면에서 자폐적 대상은 일반적 대상의 지위를 획득하지 못했다 하더라도 대상이 주체에게 제공할 수 있는 최초의 것, 혹은 최선의 것 즉 존재의 연속성을 제공한다고 볼 수 있다. 또한 자신의 향성을 투사하고 수정해 줄 살아있는 대상을 갖지 못한 아동에게 그러한 대상을 대신한다고 볼 수 있다. 이것이 자폐적 대상이 갖는 의미이자 역할이라고 추론할 수 있다. 따라서 자폐적 대상을 놓지 않으려는 자폐 아동의 몸짓은 존재의 연속성을 획득하려는 최선의 시도이며, 자신의 향성을 투사할 대상을 끊임없이 찾고자하는 인간의 원초적 경향성을 실현하는 것이라고 볼 수 있다.

3. 자폐적 대상의 또 다른 기능

자폐 아동이 자폐적 대상을 통해 획득하고자 하는 것이 존재의 연속성에 대한 확인이라고 보았을 때, 이것은 주체가 이 세상에서 자신이 존재함을 느끼고자 하는 기초적 토대라고 생각할 수 있다. 그러나 인간이 사회적 존재임을 고려하면 인간은 자신이 속한 사회 안에서 자신의 자리가 있음을 확인할 때 비로소 자신이 존재함을 확신하게 된다. 이것은 자폐증자가 현실에서 눈에 보이는 사람으로 존재함에도 불구하고, 그리고 개인이 존재함을 지각했음에도 불구하고, 사회적 그물망 안에서 그의 자리가 마련되어 있지 않다면 진정으로 존재할 수 없음을 나타낸다. 주체의 신체와 심리에 대한 자리는 타자의 마음에 마련되어 있지만 그렇다고 해서 사회적 연결망 안에서 주체가 구성원으로 기능할 수 있는 자리가 마련된다고 할 수는 없다는 것이다. 이것은 주체가 세계 안에서 자신의 자리를 갖고 있다고 느끼는 것과 동시에 사회 속에서도 그것이 인정되어야 함을 수반하는 것으로, 사회구성원으로서 자리를 갖는 것을 의미한다. 이는 자폐증자가 사회 안에서 어떻게 자신의 자리를 찾을 수 있는가 하는 질문과 함께, 정신분석적 치료가 한 개인의 심리 치료에서 나아가 어떻게 사회와 연대를 이루어 낼 수 있는가 하는 문제를 제기한다.

이러한 측면에서 본 연구는 자폐적 대상이 주체의 존재의 연속성을 확인하는 것에서 한 걸음 더 나아가 사회 속에서 주체의 자리를 마련할 수 있는 토대가 될 수 있는 가능성을 포함하고 있는 것으로 보고자 한다. 이것이 함의하는 것은 자폐적 대상이 만약 사회적 인정을 받는 것으로 기능할 수 있다면 자폐적 대상을 포기하지 않으면서 건강한 방식으로 사용되게 하는 것을 말한다. 증상으로서의 자폐적 대상을 주체가 만들어 낸 하나의 창조물이자 해결책으로 보고 그것을 통해 사회적 그물망으로 들어가는 것을 의미한다고 볼 수 있다.

이것에 대한 예로 템플 그랜딘을 들 수 있다. 사례 연구에서 살펴본 바와 같이 그랜딘의 자폐적 대상은 압착기이다. 소와의 동등시를 통해 발견한 압착기를 자신에게 맞게 만들어 사용하면서 불안을 다스릴 수 있게 되었다. 그 결과 일상생활을 영위할 수 있게 되었으며, 학문적 성취와 더불어 직업을 가지고 살아갈 수 있게 되어 사회 구성원으로서 자신의 자리를 찾을 수 있게 되었다. 또한 압착기를 사용하면서 그랜딘은 다른 사람들을 이해하게 되었으며 사회적 관계도 맺을 수 있게 되었다. 이것은 자폐적 대상이 자폐증자에게 자신의 삶을 조직할 수 있는 구심점이 될 수 있음을 보여준다.

다른 예로 제이-맥의 경우가 있다. 제이-맥의 자폐적 대상은 농구공이었는데, 그의 관심은 온통 농구를 향하고 있었다. 그를 눈여겨 본 학교의 농구팀의 감독이 그를 팀의 일원으로 받아주었으며, 비록 선수는 아니었지만 팀 매니저로서 자신의 역할을 훌륭히 해냈고 동료들로부터 인정받았으며 이로 인해 사람들과 교류하고 어울리는 것을 습득할 수 있었다. 이 과정에서 감독과 코치 그리고 주변 사람들이 그를 어떻게 받아들였는지를 보아야 한다. 평상시 그는 경기에 출전할 수 없었지만, 중요한 졸업 경기에서 마지막 후반에 선수로 뛸 수 있는 기회를 얻게 된다. 자신의 팀의 승리가 거의 확실시 된 시점에서 감독은 그에게 경기를 뛸 수 있는 기회를 주었고, 제이-맥은 여러 득점을 했다. 경기장에 모인 사람들과 선수들은 그가 자폐증자임을 알고 있었지만 경기에 뛸 수 있도록 자리를 내어 주었고, 그는 열심히 뛰어 득점을 했다.

이러한 경험은 그의 인생에서 매우 중요한 순간이 되었으며, 그로 인해 사회 안에 자신을 위치시킬 수 있는 계기가 되었다. 이는 자폐적 대상을 통해 자폐증자가 주변 사람들과 어떻게 관계 맺을 수 있는가를 보여주는 사례인 동시에 자폐증과 자폐적 대상을 대하는 주변의 따뜻한 시선이 어떻게 자폐증자가 사회적 관계 안으로 들어올 수 있게 하는가를 보여주는 좋은 사례이다.

임상 사례 연구에서 제시한 두 사례도 자폐적 대상을 통해 불안을 다스리거나 치료사와 관계를 맺고 이것을 사회적 관계로 확장시키는 모습을 볼 수 있다.

A 아동은 자폐적 대상인 상자를 통해 자신의 불안을 다스리는 모습과 그것을 통해 치료사와 관계를 맺는 모습을 볼 수 있다. 아동이 자폐적 대상을 통해 맺은 치료사와의 관계를 사회적 관계 안으로 확장시키지는 못한 상태에서 치료가 종료되었지만, 자신의 삶에서 분리의 불안이 엄습해 올 때 자폐적 대상을 사용해 불안을 다스리는 모습을 관찰할 수 있었다. 또한 치료가 진행됨에 따라 자폐적 대상의 사용이 줄고 좀 더 발전된 표상으로 옮겨가는 것을 확인할 수 있었다. 이는 실제적 대상에서 이미지라는 표상으로 발전되는 것으로 상징화 능력이 발달하고 있음을 보여주며, 그러므로 사회적 관계 안으로 들어갈 수 있는 가능성을 보여준다고 추측할 수 있다.

B 아동은 자폐적 대상이 기차였으며 이것을 통해 점차 관계를 형성하는 능력을 키울 수 있음을 보여준다. 기차라는 대상이 사라

지지는 않았지만 점차 다른 교통 기관으로 관심의 영역이 넓어졌으며 나아가 주변으로 관심이 확장되고 있는 것을 볼 수 있다. 자폐적 대상인 기차와 버스를 완전히 포기할 수 있을지는 확신할 수 없지만, 기차를 손에 쥐고 있는 시간이 많이 줄었으며 점차 그 대상을 찾는 횟수가 줄어들고 있었다. 무엇보다 자폐적 대상을 매개로 치료사와의 관계가 성립되었고 나아가 자신의 또래 아동들에게로 관심이 옮겨가는 것을 볼 수 있었다.

이와 같은 상황은 레오 칸너(Leo Kanner)의 연구에서도 확인할 수 있다. 칸너는 1953년 이전에 존스 홉킨스에서 자폐로 진단받은 96명의 아이들 중 11명을 장기 추적한 결과를 발표한 논문에서 이들의 안정적인 사회적응에 미친 요인이 무엇인지를 논의한다. 이들은 충분히 사회적응을 해서 독립적인 생활이 가능했으며 교육을 잘 받고 직업을 가졌다고 한다(Kanner, 1972, p. 10). 이러한 결과에 미친 영향에 대해 칸너는 여러 가지 요인을 이야기하는데, 중요한 요인으로 강박적인 집착에 대해 이야기한다. "이들은 자신의 사회성 부족을 보상하기 위해 원래는 자기를 위한 고립적인 집착이었던 것들을 여러 사람과 접속할 연결 고리로 긍정적으로 기능하게 만들었다. 강박적 집착을 통해 습득한 지식을 활용해서 닫혀진 관계의 문을 연 것이다"(Kanner, 1972, p. 30). 이 연구에서 칸너는 고착을 직업 영역으로 돌리면 자폐인이 성공할 수 있게 된다고 말했으며 자폐인들의 고착 증상이 사회생활을 하고 친구를 사귀는 방법으로 쓰일 수도 있음에 주목한 것이다(Kanner,

1972, p. 30). 이러한 칸너의 연구 결과는 본 연구에서 제시한 템플 그랜딘과 두 개의 임상사례, 그리고 제이-맥의 경우에서도 확인할 수 있다.

이처럼 자폐적 대상과 그 관계 방식이 병리적이라고 해서 무조건 없어져야 하는 것으로 생각할 수는 없다. 자폐적 대상이 외상에 대한 주체의 해결책이며 그의 존재 방식을 포함하고 있다면 그것은 주체의 핵을 구성하고 있는 부분일 것이다. 따라서 그것은 어떤 변형된 방식으로 존재할 수도 있을 것이며, 여전히 존재하되 좀 더 사회 친화적인 방식으로 쓰일 수도 있을 것이다. 또는 자신과 세상을 연결하는 매개체로써 쓰일 수도 있을 것이다. 만약 그것을 통해 사회적 관계로 들어갈 수 있다면, 자신의 존재감을 획득하는 것과 동시에 사회적 관계 안에 자신의 자리를 마련할 수 있게 되는 것으로 자폐적 대상에 대한 관점을 새롭게 갱신할 것을 요청한다.

4. 자폐적 대상에 대한 또 다른 시선

연구자의 임상에서 자폐적 대상을 가지고 있는 아동과의 작업은 자폐적 대상이 중요한 이슈가 되며, 자폐적 대상을 중심으로 임상이 진행된다. 자폐적 대상을 중심으로 임상이 이루어진다는 것은 이중적 의미를 가진다. 한편으로 자폐적 대상은 아동과 치료사와의 관계를 방해하는 요소로서 작용한다는 것을 인식하는 것이며, 다른 한편으로는 그럼에도 불구하고 아동과 치료사의 관계를 진전시킬 수 있는 중요한 요소로서의 역할을 자폐적 대상이 한다는 것을 인식하는 것이다. 더 나아가 자폐적 대상이 주체의 존재의 연속성의 획득과 함께 사회 안에서 자신의 자리를 찾을 수 있는 발판으로 쓰일 수 있다면 자폐적 대상을 치료에 적극적으로 활용해야 할 필요성이 생긴다. 이것은 치료사가 자폐적 대상을 어떤 관점을 가지고 치료적 요소로 다루느냐에 따라 자폐증 치료에 중요한 열쇠가 될 수도 있다는 것을 뜻하는 것이다.

터스틴은 "지속적인 자폐적 대상의 사용은 자폐 아동이 좌절을 견디는 것을 배울 수 있는 작은 가능성을 가지고 있다는 것을 의미한다 · · · 이것은 그가 생각하는 방식으로 신체적 · 정신적 자극을 처리한다는 것을 의미한다(Tustin, 1980, p. 35)."고 했다. 이는 자폐적 대상이 외상에 대한 주체의 해결책이라는 측면에서 해석될 수 있다는 것과 함께 주체가 자폐적 대상을 포기할 수 있거나 그 의미와 관계 양태가 수정될 수 있음을 의미하는 것이다.

자폐적 대상은 자폐증자가 가지고 있는 하나의 증상이다. 증상은 주체의 고유한 존재방식을 의미한다. 이것은 주체의 삶에서 어떠한 실패의 지점이 있었음을 나타내지만, 그럼에도 불구하고 그것에 대한 해결책을 만들어냈다는 것을 의미한다. 그러한 면에서 증상은 주체의 고유한 창조물이다. 따라서 자폐적 대상도 실패의 지점을 나타내지만 주체의 해결책이라고 볼 수 있으며 또한 하나의 창조물이라는 시각에서 접근할 수 있다. 주체는 자폐적 대상을 통해 자신의 세계를 구성하고 있는 것이라고 볼 수 있으며 그러므로 실패의 지점을 나타내는 동시에 가능성의 지점을 보여준다. 터스틴의 사례와 제이-맥의 사례 그리고 칸너의 연구가 그것을 뒷받침해 준다.

우리는 흔히 '주체에게 답이 있다'는 표현을 쓴다. 자폐적 대상에 대한 관점도 마찬가지로 주체의 해결책이자 하나의 가능성으로 새롭게 볼 수 있을 것이다. 이것은 치료사가 자폐적 대상에 대해 적극적으로 사유해야 할 필요성을 제기한다.

5. 자폐적 대상의 진단으로서의 활용 가능성

사례 연구를 통해 주체가 자폐적 대상과 관계 맺는 양태가 변화하는 것을 볼 수 있었다. 처음에 자신의 불안을 다스리는 것으로만 사용되던 방식에서 치료사와 관계를 맺는 매개체로 활용됨에 따라 점차 자폐적 대상을 강박적으로 사용하던 방식에서 벗어나 그것이 없어지거나 다른 형태로 변형되는 것을 볼 수 있었다. 또한 치료사와의 관계를 사회적 관계로 확장시키는 것을 보게 된다. 템플 그랜딘의 예에서는 자신의 삶 전반을 지배하던 불안을 자폐적 대상을 통해 달래고 축소시키는 과정을 통해 일상적인 삶을 영위해 나가는 것을 보게 된다. 즉 자폐적 대상과의 관계 방식과 사용 방식이 주체에게서 여러 수준으로 나타난다는 것이다.

따라서 자폐적 대상이 주체의 삶을 어느 정도 지배하는가, 주체가 그것을 어떠한 방식으로 다루는가, 그것의 변화 양식이 어떠한가에 따라 자폐증의 진단 기준으로 활용될 수도 있음을 제안한다. 즉 주체와 자폐적 대상의 관계 양태에 따라 자폐증의 치료적 진전과 후퇴를 확인할 수 있다고 보는 것이다.

6. 치료의 중단이 자폐 아동에게 미치는 영향

임상 사례 A 아동의 경우 이사로 인해 치료가 중단되었다. 이것은 어쩔 수 없는 이유로 인한 중단이었지만 이로 인해 아동에게 미치는 효과에 대해 검토해 볼 필요가 있다. 아동은 초기 분리에 대한 외상이 있었으며 사례 분석에서 본 바와 같이 이사가 결정된 후 분리에 대한 불안이 다시 출현하는 것을 관찰할 수 있었다. 아동의 작업에서 그러한 불안은 아동이 소화하기 벅찬 것이었음을 알 수 있다. 다행히 이 아동의 경우 그러한 분리를 다룰 수 있는 기간이 주어졌고, 분리에 대한 불안을 어느 정도 다루고 중단되었다. 그러나 치료사와의 분리 그리고 익숙했던 환경과의 분리는 유아 초기에 겪었던 외상적 분리의 경험을 다시금 재현하는 효과가 있을 수 있다. 그 결과 아동은 또 다시 외상적 분리를 재 경험하게 될 수도 있으며, 이로 인해 자폐적 증상으로 더 깊이 철수하게 될 수도 있음을 유념해야 한다. 따라서 가능한 한 전이가 이루어진 치료사와의 치료 작업이 지속적일 수 있는 방안을 강구해야 하며, 그럴 수 없을 경우 분리에 대한 불안을 다룰 수 있는 충분한 기간이 주어질 필요가 있다. 이는 치료사와 부모 양쪽의 노력이 필요한 사항으로, 자폐증의 심리적 원인에 대한 깊은 이해와 통찰을 필요로 한다. 따라서 치료사는 자폐증의 심리적 원인을 아동의 부모에게 상담을 통해 전달할 수 있어야 하며, 치료 작업에 있어 부모와 치료 동맹을 맺을 필요가 강하게 제기된다.

V. 결론 및 제언

본 연구에서 연구자는 자폐적 대상이 어떻게 형성되고 그것이 자폐 아동에게 어떤 의미를 가지는지 그리고 치료 현장에서 어떠한 관점을 가지고 접근할 수 있는지를 살펴보았다.

위니캇의 존재의 연속성과 비온의 향성에 대한 꼬르비쉐르의 연구를 바탕으로, 자폐적 대상에 대한 터스틴의 견해를 따라 논의를 전개하면서 빅과 앙지외의 피부에 관한 연구를 고찰하였고, 미트라니의 점착성-유사 대상관계에 대해 살펴보았으며 이를 바탕으로 문헌연구와 사례연구를 하였다. 이러한 연구를 바탕으로 자폐적 대상에 관해 제기한 세 가지 연구 과제를 다음과 같이 정리할 수 있다.

첫째, 자폐적 대상의 형성은 터스틴의 견해를 따라 분리에 대한 외상으로 형성된다고 볼 수 있다(Tustin, 1990, p. 29). 이러한 외상을 젖꼭지-입과 피부에서의 외상으로 나누어 볼 수 있으며, 이러한 외상으로 발생한 블랙홀과 비통합 상태의 극도의 불안을 해결하기 위한 주체의 해결책이 자폐적 대상이라고 추론할 수 있다. 보통의 경우 이러한 불안을 안아주고 담아주는 살아있는 대상에 의해 해결한다. 또한 접촉을 통해 대상을 내사함으로써 심리적 공간을 형성하며 분리를 획득해 나가지만(Mitrani, 2015, p. 15), 자폐아동은 이러한 분리를 외상으로 경험하였기에 그러한 과정을 진행할 수 없는 것으로 보인다. 따라서 자폐 아동은 존재하기 위한 시도로 살아있는 대상이 아닌 자폐적 대상을 선택해 그 대상과의 동등시를 통해 그러한 불안을 해결하려 한다. 이것은 인간이 타자에 의해서 자신을 확인할 수밖에 없는 존재임을 감안할 때 자폐 아동 또한 존재의 연속성이 깨지는 위기에 맞서 찾아낸 하나의 해결책이 자폐적 대상이라고 볼 수 있다.

둘째, 자폐적 대상은 주체에게 어떤 의미를 가지고 있는지에 대한 것으로, 먼저 긍정적 역할을 살펴보자면 분리에 따른 외상적 상황에 대한 불안을 감소시키며 피난처로 사용되고(Tustin, 1980, p. 30, 32) 아동을 공포로부터 보호하는 작용을 한다(Tustin, 1990, p. 117). 이것이 처음 사용되기 시작했을 당시에는 신체공격과 궁극적인 멸절의 위협을 차단하는(Tustin, 1980, p. 29) 것으로써 자폐아동에게 최선의 반응이었다(Tustin, 1990, p. 117). 자폐적 대상들은 자폐 아동에게 존재감과 '존재의 연속성'을 제공하는 '나' 대상으로, 존재와 안전을 위협하는 것으로 느껴지는 '나 아닌' 위험한 대상을 인식을 차단하는 역할을 함으로써 안전감을 제공한다(Tustin, 1990, p. 124). 이를 바탕으로 자폐 아동은 자신이 존재한다는 사실을 얻고 제한된 삶을 살 수 있다고 볼 수 있을 것이다.

그러나 이러한 주체의 선택은 여러 부정적 결과들을 도출하는데 그 중의 핵심은 분리를 인식하지 못하게 한다는 것이다(Tustin, 1980 p. 30). 대상과의 분리는 한 개인으로 존재하기 위한 필수적인 과정인데 이를 방해함으로써 한 개인으로 존재하기 어렵게 만들고 사회적 그물망 안으로 들어오기 어렵게 된다. 특히 분리로 인해 발생하는 공간이 형성되지 못함으로 인해 상징화를 진행시킬 수 없으며, 이로 인해 여러 면에서 발달이 지체된다고 볼 수 있다(Tustin, 1980, p. 29). 그러나 자폐적 대상이 이차적 피부 형성의 과정에서 사용되는 것을 고려하고(Tustin, 1990, p. 60), 피부가 가지는 분리와 접촉의 측면(Anzieu, 2013, p. 84)을 생각해 볼 때 자폐적 대상은 오히려 대상과의 분리에 대한 시도라고 생각할 수 있다.

그러므로 자폐적 대상은 주체의 외상의 지점을 나타내며 발달을 저해하는 요소로 작용되지만, 다른 측면에서 자폐적 대상은 주체의 삶의 구심점의 역할을 하고 있음을 알 수 있다. 이것은 자폐적 대상이 양가성을 지니고 있음을 말해주는 것이며, 따라서 자폐적 대상은 주체가 존재하려는 선택의 산물이자 분리의 시도이며 대상을 향한 인간의 원초적 의지를 나타내는 역할을 한다고 볼 수 있다.

세 번째, 자폐적 대상은 치료에서 어떻게 활용될 수 있으며, 사회에서 자신의 자리를 찾는 데 어떻게 쓰일 수 있는가에 대해 문헌사례와 임상 사례를 통해 고찰해 보았다. 터스틴은 자폐적 대상에 대한 이해 없이 급격히 제거하는 것에 동의하지 않으며 치료자와의 관계를 통해 자연스럽게 사라져야 할 것으로 여기고 있다(Tustin, 1980, p. 147).

그러나 자폐적 대상이 증상으로서 주체의 존재 방식을 포함하고 있다면 이는 자폐적 대상을 다른 시각으로 볼 것을 요청한다. 템플 그랜딘의 예에서 볼 수 있듯이 그녀는 자폐적 대상을 이용해 자신의 삶을 안정적으로 이끌어 갈 수 있었으며 사회 속에 자신의 자리를 찾을 수 있었다. 개인의 존재의 연속성을 획득했을 뿐만 아니라 사회 속에 자신을 위치시킴으로 인해 그녀는 실제로 존재할 수 있게 되는 것이다

따라서 치료 현장에서 자폐적 대상에 대한 적극적 사유가 필요하다고 볼 수 있다. 자폐적 대상을 통해 치료자와 관계를 성립하고, 주변 사람들과의 관계를 형성하며, 이를 통해 사회 안으로 들어갈 수 있는 지점을 적극적으로 함께 찾아보고 고민해 보아야 하는 것이다.

이것은 자폐증에 대한 정신분석적 치료가 어떻게 사회적 연대를 이룰 수 있는가에 대한 답이 될 수 있다. 특히 자폐증자의 증상인 자폐적 대상은 주체의 해결책으로서 외부 세상과 접촉하는 하나의 접점의 지점이자 문이 될 수 있다. 자폐적 대상에 대한 이러한 이해는 자폐적 대상을 통해 사회 안에 주체가 위치할 수 있도록 돕는 역할을 할 수 있음을 여러 사례를 통해 확인해 보았다. 따라서 자폐적 대상을 치료적 관점에서 다시금 새롭게 바라보아야 하며 이를 치료에 적극적으로 활용할 수 있는 방법을 찾아야 할 필요성이 제기된다.

"자폐증은 주체의 질병이다." (Ribas, 2007, p. 200)는 말을 다시금 상기한다. 이것은 자폐증자가 무엇을 결핍하고 있는 지를 볼

것이 아니라 그들에게 무엇이 있는지를 보아야 한다는 것을 의미한다. 이것은 우리가 자폐증자가 주체로서 무엇을 선택했는가를 보게 한다. 이것이 정신분석적 심리치료가 가지고 있는 독특성일 것이다. 연구자는 점차 증가하는 자폐증의 치료에 있어 자폐증자를 대상이 아닌 주체로 보는 정신분석적 시각을 지지하며 본 연구가 자폐증 치료에 있어 자폐적 대상을 대하는 시각에 새로운 관점을 제공하기를 바란다.

자폐적 대상에 대한 연구는 여러 임상 사례를 통해 확인되어야 할 필요성이 있다. 연구자의 임상 사례기간이 길지 않음으로 인해 연구에 한계가 있었으며, 자폐증에 대한 정신분석적 연구가 국내에서는 일반적이지 않음으로 인해 연구의 제한점이 많았다.

논의에서 제기한 연구자의 가정과 제안은 앞으로의 임상 연구를 통해 더 확인될 필요가 있다. 먼저 자폐적 대상에 대한 명칭에 대한 제안은 임상을 통한 이론적 성찰이 더 필요하다. 또한 자폐적 대상을 중심으로 한 치료는 임상 현상에서 더 구체화될 필요성이 있으며, 특히 진단적 기준으로서의 가치에 대한 부분은 더욱 그러하다. 이는 전이를 중심으로 한 정신분석적 심리치료에서 관계 양태의 변화를 구체적으로 관찰하며 치료적 진전을 객관적으로 살펴볼 수 있는 좋은 축이 될 수도 있다. 따라서 임상 현장에서의 후속 연구를 제안한다.

주(NOTE)

1) 아시아 경제, 네이버 검색, 최종 검색일: 2016년 4월 2일, 검색어: 자폐증
2) 중앙일보, 구글 검색, 최종 검색일: 2016년 11월 29일, 검색어: 세계 자폐증 유병률
3) 미 질병통제예방센터(CDC)는 미 전역에서 선택한 여러 지역에서 실시한 인구조사를 근거로 최근 자폐증 유병률을 어린이 110명 중 1명꼴인 약 1%로 추산했다(중앙일보, 구글 검색, 최종검색일: 2016년 11월 29일, 검색어: 세계 자폐증 유병률)
4) http://readingroom.mindspec.org/wp-content/uploads/2011/08/11.jpg
최종검색일: 2016년 11월 29일, 검색어: 세계 자폐증 유병률
5) 자폐증 입문자를 위한 안내서, https://brunch.co.kr/@imit/7, 구글 검색, 최종 검색일: 2016년 11월 29일, 검색어: 자폐증 유병률
6) 네이버 사전, 최종 검색일: 2016. 12. 25.
7) '자폐 아동'이라는 용어는 본 연구에서 자폐증으로 진단을 받은 유아와 아동을 지칭하는 것으로 쓰인다. 자폐증을 가진 유아, 아동, 청소년, 성인을 지칭할 때는 '자폐증자'라는 용어를 사용한다.
8) 용어 정의 참조.
9) 용어 정의 참조.
10) 터스틴은 자폐 껍질에 대해 "자폐적 대상과 자폐적 형태가 만들어 내는 촉감적 환각을 통해 자폐 아동은 자신이 보호 껍질에 둘러싸여 있다는 환상을 갖게 된다(Tustin, 1990, p. 60). 이것은 보호 반응들 중 하나로 신체적 외상 효과를 상쇄하기 위한 기본적인 방법이다. 이 손상은 실질적인 것일 수도 있고 신체의 일부-처음에는 혀의 일부-를 상실했다는 망상일 수도 있다."(Tustin, 1990, p.

61)고 이야기 한다. 이는 빅이 말한 이차적 피부형성(Bick, 1968)과 유사하다고 볼 수 있다.

11) 정서 발달의 초기 단계를 지칭하는 위니캇의 용어로 엄마가 '일차적 모성 몰두' 기간에 있을 때의 아기의 상태를 말한다. 일차적 모성 몰두 기간은 임신 말기와 출산 후 몇 주 동안 엄마가 아기에게 아주 헌신하는 시기로, 이때 아기는 엄마의 일부처럼 보인다. 이 시기의 엄마는 아기에게 필요한 모든 것을 제공하나, 아기는 이에 대해 알지 못한다(Winnicott, 2000, pp. 120~124)

12) 템플 그랜딘(Temple Grandin)은, 보스턴 출신 미국의 동물학자로 동물복지를 배려한 가축시설의 설계자이며, 콜로라도 주립대학교 교수이다. 템플 그랜딘은 2살때 자폐증으로 진단되었는데, 당시 그 진단을 내린 의사는 평생 보호시설에 있어야 하며 평생 말을 하기 힘들 것이라고 말했다. 저작으로 『어느 자폐인 이야기』, 『나는 그림으로 생각한다』, 『동물과의 대화』가 있다. (위키 백과 참조, 최종 검색일: 2016년 10월 27일, 검색어: 템플 그랜딘)

13) 제이-맥은 뉴욕 출신으로 실명은 제이슨 맥얼웨인(Jason McWl-wain)이며 제이-맥이라는 애칭으로 더 잘 알려져 있다. 그는 2살 때 중증 자폐증으로 진단받았지만 일반 고등학교에 진학했으며, 이 학교의 농구팀에서 팀 매니저를 맡기도 했다. 꾸준한 연습을 통해 자신이 속한 팀이 경기에서 우승을 하는 데 기여를 했다. 그는 농구를 통해 자폐증을 극복한 사례로 방송을 통해 미국 전역으로 알려지게 되었다. 졸업 후 지역 사회에서 일자리를 가지고 자신의 삶을 살고 있다(제이 맥 · 다니엘 파이스너 공저, 2011).

14) "존은 자폐증이 완화되면서 말을 하기 시작한 어느 날, 어머니의 친구가 아기를 가슴에 안고 젖먹이는 것을 보았다. 그는 이 장면에 자극받아서 자신이 두려워하는 '찌르는 가시가 있는 블랙홀'에 관해 이야기했다. 이것은 그가 언어로 개념화할 수 없었던 초기 유아기 경험을 말로 표현하려는 시도였다. 이것은 은유가 아닌

생생한 표현으로 '홀(구멍)'은 우리가 회피하고 싶어 하는 반응을 일으키는 것이며 '가시(찌르기)'는 우리를 움찔하게 만드는 것이다."(Tustin, 1990, p. 101) "존은 블랙홀의 경험이 아주 어린 아기 시절에 가슴의 젖꼭지 또는 젖병의 젖꼭지가 그의 혀와 입의 일부가 아니라 분리된 것이며, 따라서 그의 통제 하에 있지 않다는 것을 발견한 결과임을 우리에게 알려주었다."(Tustin, 1990, p. 107)

15) "엄마가 아기와 서로 피부를 맞대고 가슴에 감싸 안음으로써 신생아의 정서 안정과 발달을 돕는 케어방법으로 1983년 콜롬비아 보고타에서 부족한 인큐베이터를 대신할 방법으로 시작되었지만 현재는 의료 선진국에서도 폭넓게 시행되어 신생아 사망률을 크게 줄이고 미숙아 치료를 돕고 있다. 또한 만삭아들에게도 분만 직후 엄마와의 피부 접촉을 통한 캥거루케어로 모아애착 관계나 모유수유 성공 확률을 높이는 데 기여하고 있다." (www.imbc.com/broad/tv/culture/mbcspecial/commingsoon/1811699_27375.html, 구글검색, 최종 검색일: 2016년 11월 29일, 검색어: 캥거루 케어)

16) "안아주기란 유아를 신체적으로 안아주는 것뿐 만 아니라 전체적인 환경 제공을 의미하는 것으로, 시간과 공간 관계의 차원이 점차로 생겨나는 과정에 해당한다(Winnicott, 2000, p. 60)." " 안아주기는 유아에게 어머니의 촉감에 대한 피부감각, 어머니의 체온, 목소리, 얼굴 모습 등의 감각과 떨어지는 느낌(중력의 작용)들을 제공하며, 이때의 유아는 자신 이외의 다른 어떤 것이 존재하리라고는 생각하지 못한다…이 모든 것은 유아로 하여금 첫 대상관계를 확립하게 하고 본능 만족의 첫 경험에 이르게 한다(Winnicott, 2000, p. 60)."

17) "담아주기란 유아를 안아주고 유아의 욕구를 자신의 마음속에 담아줄 수 있는 엄마의 능력을 말하는 것으로, 비온은 유아가 근본적으로 압도적인 성질의 불안을 감당할 수 있도록 돕는 모성 기

능의 측면을 담아주기라고 불렀다. 엄마는 몽상 상태에서 유아의 불안을 담아주며 유아가 감당할 수 있을 만한 형태로 돌려준다."(Scharff,,J,S · Scharff, D,E, 2008. p. 56)

18) "피부자아는 개념은 일종의 정신적인 형상을 가리킨다. 이것은 발달의 초기 단계에서, 아기의 자아가 신체 표면의 경험을 바탕으로 심리적 내용물들을 담아주는 자아로서 스스로를 나타내기 위해 사용하는 형상이다. 이러한 초기 단계에서 심리적 자아는 작용에 있어서는 신체적 자아로부터 분화되었지만 형태의 측면에서는 아직 신체적 자아와 혼동된 채로 남아있다."(Anzieu, 2013, p. 83)

19) "성욕동이 자기보존 욕동과 갖는 최초의 관계를 가리키기 위해 프로이트가 도입한 용어로 이차적으로만 독립적일 수 있는 성 욕동은 그것에 육체적 원천과 방향을 제공하는 생명 기능에 의존할 수밖에 없다. 그 결과, 주체가 자기 보존 욕동에 의지하여 사랑의 대상을 선택하는 그것을 가리켜 의탁이라고 한다. 그것이 바로 프로이트가 의탁적 대상 선택이라고 부른 것이다."(Laplanche, 2009, p. 311) 그러나 앙지외는 보다 넓은 의미에서의 의탁 개념을 지지한다고 말한다. "왜냐하면 심리장치의 발달은 생물학적인 기초와 연속적인 단절에 의해 실행되기 때문이다. 그러한 단절들은 생물학적인 법칙들로부터 벗어나게 하고, 신체기능에 대한 모든 심리적 기능들의 의탁을 찾아내도록 만든다."(Anzieu, 2013, p. 164) 고 말한다.

20) "동일시는 개인이 한 가지 혹은 여러 가지 측면에서 다른 사람을 닮아가는 정신적 과정을 가리킨다. 동일시는 대상과 주체 사이의 분화가 더 많이 일어난 상태에서 대상의 특성들을 보다 선택적으로 내재화하는 것을 가리킨다"(미국정신분석학회, 2002. p. 96).

21) 한나 시걸의 '상징적 동등시(Symbolic Equation)'을 말하는 것으로 자기와 대상 사이의 경계가 없는 상태로 각각의 정체성이 무너진 상태를 말한다. 시걸은 그 예로 바이올린을 연주하지 못하

는 환자의 사례를 예시하는데, 환자는 바이올린과 자신의 성기를 동등시함으로 인해 군중 앞에서 바이올린을 연주하는 것은 자위를 하는 것으로 여겨 바이올린을 연주하지 못했다. 이는 상징과 외부 대상 사이의 경계가 무너진 것을 보여준다(Hinshelwood, 2006, pp. 261~265).

22) 『나는 그림으로 생각한다』는 템플 그랜딘이 자서전 형식으로 쓴 두 번째 책이다. 첫 책은 1986에 출간된 『어느 자폐인 이야기』라는 책으로 이 책은 자폐인이 자신의 내면 세계를 스스로의 언어로 표현한 최초의 책이었다. 자폐인의 언어 사용이 일반적이지 않다는 것을 감안하면 놀라운 일이라고 볼 수 있으며, 무엇보다 자폐인 스스로 기술한 것이기 때문에 자폐인에 대해 '이럴 것이다'는 추론을 넘어 자폐증자의 목소리로 직접 내면 세계의 구성을 듣는다는 면에서 의미 있는 책이다.

23) 템플 그랜딘에 대한 사례 연구는 그녀의 책 『나는 그림으로 생각한다』와 그녀의 일생을 담은 영화 〈템플 그랜딘〉 그리고 그녀의 TED 강연을 참고로 해서 작성했다. 이 논문에 쓰인 그녀에 관한 설명과 인용문은 『나는 그림으로 생각한다』에서 가져온 것임을 밝히며 따로 인용문 표시를 하지 않는다.

24) 위키백과 참조, (최종 검색일: 2016년 10월 27일), 검색어: 템플 그랜딘.

참 고 문 헌

제이슨 맥얼쉐인 외/ 신현기 · 김은경 옮김(2011), 『자폐 소년 제이-맥 농구로 말하다』, 이너북스

칸트/최재희 옮김(2009), 『순수이성비판』, 박영사

템플 그랜딘/홍한별 옮김(2005), 『나는 그림으로 생각한다』, 양철북

Anzieu, D(1995), *Le Moi-peau*, Dunod, Paris, 권정아 · 안석 옮김(2013), 『피부자아』, 인간희극

Alvarez, A(1992), Live Company, Routledge, 이재훈 · 박영란 옮김(2006), 『살아있는 동반자』, 한국심리치료연구소

Burness E. Moore, M.D.& Bernard E. Fine, M.D(1990), *Psychoanalytic Terms & Concepts,* The American Psychoanalytic Association. 이재훈 외 옮김(2002), 『정신분석 용어 사전』, 한국심리치료연구소

Bick, E(1968), "*The Experience of the Skin in Early Object-Relations*", J. Psycho-Analysis ,49:484-486.

Bick, E(1986). "*Infant Observation Further Considerations on the Function of the Skin in Early Object Relations: Findings from Infant Observation Integrated into Child and Adult Analysis*", British Journal of Psychotherapy, 2:292-299

Davis, M & Wallbridge, D(1981), Boundary and Space, Mark Paterson,이재훈 옮김(1997), 『울타리와 공간』, 한국심

리치료연구소

Feldman, B(2004), "*A skin for the imaginal*", Journal of Analytical Psychology, 49:285-311

Fenichel, O(1945), "*Early mental developmental of the archaic ego*", The Psychoanalytic Theory of Neurosis. NY: Norton, PP. 33-53

Freud, S(1925), 임진수 옮김(2012), 「과학적 심리학 초고」, 『정신분석의 탄생』, 열린책들

Gaddini, E(1969), "*On imitation*", International Journal of Psycho-Analysis, 50:475-484

Gaddini, R(1987), "*Early Care and the Roots of Internalization*", International Review of Psychanalysis, 14:321-332

Hinshelwood, R. D.(1994) *Clinical Klein - From Theory to Practice* -, R.D. Hinshelwood, 이재훈 옮김(2006), 『임상적 클라인-이론과 실제-』, 한국심리치료연구소

Jay R. G & Stephen R. M(1983), *Object Relations in Psychoanalytic Theory*, Harvard University Press, 이재훈 옮김(1999), 『정신분석학적 대상관계이론』, 한국심리치료연구소

Scharff, J, S, M.D and Scharff, D, M.D.(1995), *The Primer of Object Relations Therapy*, Jill Savege Scharff and David E. Scharff, 오규훈 · 이재훈 옮김(2008), 『초보자를 위한 대상관계 심리치료』, 한국심리치료연구소

Kanner, L.(1943), "*Autistic disturbance of affective contact*",

Nevrvous Child, 2: 217–250

Kanner, L(1972) "How Far Can Autistic Children Go in Matters of Social Adaptation?", Journal of Autism and Childhood Schizophrenia, 2, 1, 9–33

Korbivcher, C, F(2014), *AUTISTIC TRANSFORMATION–Bion's Theory and Autistic Phenomena–*, Celia Fix, 이재훈 · 최윤숙 옮김(2015), 『자폐적 변형 – 비온의 이론과 자폐적 현상 –』, 한국 심리치료 연구소

Laplanche, J & Pontalis(1967), *VOCABULAIRE DE LA PSYCHANALYSE*, Universitaires de France, 임진수 옮김(2005), 『정신분석사전』, 열린책들

Lefe'vrer, A. (2011), *100% Winnicott,* Group Eyrolles, 김유빈 옮김(2016), 『100% 위니캇』, 한국심리치료연구소

Mitrani, J(2008) *A Framework for the Imaginary–Clinical Exploration in Primitive States of Being–*, Karnac Books, 이재훈 옮김(2015), 『상상을 위한 틀』, 한국심리치료연구소

Medeleine, D, David, W(1981), *Boundary and Space: An Introduction to the Work of D. W. Winnicott*, Mark Paterson, 이재훈 옮김(1997), 『울타리와 공간』 한국심리치료연구소

Mcdougall, J(1989) *Theatres of the Body: A Psychoanalytic Approach to Psychosomatic Illness*, Norton

Nasio, J. D(1988), *Enseignement de 7 concept cuciaux de la psychanalyse*, Rivages

Roger, P and Dennys, R(1994) *Autismes De L'enfance,* Presses Universitaires de France, 권정아 · 안석 공역(2007), 『아동 자폐증과 심리치료』, 한국심리치료연구소

Ribas, D(1994), *Autismes De L' enfance,* Presses Universitaires de France, 권정아 · 안석 공역(2007), 『아동 자폐증과 심리치료』, 한국심리치료연구소

Szejer, M(1997), *Des mots pour naître,* Gillimard, 김유진 · 이재훈 옮김(2015), 『아기에게 말하기』, 함국심리치료연구소

Tustin, F(1980), "*Autistic Objects*", International Review of Psycho-Analysis, 7:27-39

Tustin, F(1986), *Autistic Barriers in Neurotic Patients*, London: Karnac Book.

Tustin, F(1988), "*The 'black hole': a significant element in autism*", Free Associations, 1:35-50

Tustin F(1990), *The Protective Shell in Children and Adults,* H.Karnac Books Ltd., 이재훈·장미경·권혜경 공역(2001), 『자폐아동을 위한 심리치료』, 한국심리치료연구소

Tustin, F(1992), *Autistic States In Childern*, Routledge

Winnicott, D.W(1952), "*Anxiety associated with insecurity*", in D. W. Winnicott Through Paediatrics to Psychoanalysis. London: Hogarth Press and the Institute of Psycho-Analysis, 1975

Winnicott, D.W(1953). "*Transitional Objects and Transitional Phenomena-A Study of the First Not-Me Posses-*

sion", Int. J. Psycho-Analysis, 34:89-97

Winnicott, D.W(1970) *Processus de maturation chez 1' enfant,* Payot

Winnicott, D.W(1971) *Playing and Reality*, Mark Paterson and Winnicott Trust, 이재훈 옮김(1997), 『놀이와 현실』, 한국심리치료연구소

Winnicott, D.W(1960) "*The theory of the infant-parent relationship*", International Journal of Psycho-Analysis 41: 585-595

Winnicott, D.W(1984) *The maturational Processes and The facilitating Environment - Studies in the Theory Emotional Development* -, Mark Paterson Associates, 이재훈 옮김(2000), 『성숙과정과 촉진적 환경』, 한국심리치료연구소

Winnicott, D.W(1987) Through Paediatrics to Psycho-Analysis, Mark Paterson Associates, 이재훈 옮김(2011), 『소아의학을 거쳐 정신분석학으로』, 한국심리치료연구소

도서 1

한국심리치료연구소 총서

정 신 분 석 학 일 반

- 꿈 상징 사전 Eric Ackroyd 지음/ 김병준 옮김
- 나의 이성, 나의 감성 De Gregorio, Jorge 지음/ 김미겸 옮김
- 모성의 재생산 Nancy Chodorow 지음 / 김민예숙 · 강문순 옮김
- 비교정신분석학 / 오채근 편저
- 왜 정신분석인가? Roger Perron 지음/ 표원경 옮김
- 의례의 과정 Victor Turner 지음/ 박근원 옮김
- 정신분석 용어사전 지음/ 이재훈 외 옮김
- 정신분석 주요개념 I · II Moore and Fine 지음/ 이재훈 외 옮김
- 참자기 J.F. Masterson 지음/ 임혜련 옮김
- 환자에게서 배우기 Patrick J. Casement 지음 / 김석도 옮김

대 상 관 계 이 론 분 야

- 교육, 허무주의, 생존 D. Holbrook 지음 / 이재훈 옮김
- 대상관계이론과 정신병리학 Frank Summers 지음/ 이재훈 옮김
- 정신분석학적 대상관계이론 J. Greenberg & S. Mitchell 지음 / 이재훈옮김
- 대상관계 개인치료 I · II Jill & David Scharff 지음 / 이재훈 · 김석도 옮김
- 대상관계 집단치료 Charles Ashbach & Victor Shermer 지음 / 이재훈 옮김

- 대상관계 가족치료1 Jill & David Scharff 지음/ 이재훈 옮김
- 대상관계 부부치료 Jill & David Scharff 지음/ 이재훈 옮김
- 단기 대상관계 부부치료 James Donovan 지음/ 이재훈 · 임영철 옮김
- 대상관계 단기치료 Michael Stadter 지음/ 이재훈 · 김도애 옮김
- 초보자를 위한 대상관계 심리치료 Jill & David Scharff 지음 /오규훈 · 이재훈 옮김
- 편집증과 심리치료 W. W. Meissner 지음 / 이재훈 옮김
- 프로이트 이후 S. Mitchell & M. Black 지음/ 이재훈 · 이해리 옮김
- 심각한외상과대상관계 Stephen Prior 지음/ 김소희옮김

비 온 의 정 신 분 석 이 론

- 흑암의 빛줄기 James Grotstein 지음 / 이재훈 옮김
- 그러나 동시에 또 다른 수준에서 – 클라인/비온학파 정신분석학 I James Grotstein 지음 / 이재훈 외 옮김
- 분석적 장 Antonino Ferro & Roberto Basile 지음 /이재훈 옮김
- 그러나 동시에 또 다른 수준에서 Ⅱ James Grotstein 지음 / 이재훈 & 박동원 옮김 (분류: 비온의 정신분석 이론)
- 정신분석과 이야기하기 Antonino Ferro 지음 / 김유진 & 이재훈 옮김 (분류: 비온의 정신분석 이론)
- 비온 정신분석사전 Rafael E. Lopez-Corvo 지음 / 이재훈 옮김

위 니 캇 의 정 신 분 석 이 론

- 그림놀이를 통한 어린이 심리치료 D. W. Winnicott 지음 / 이재훈 옮김
- 놀이와 현실 D. W. Winnicott 지음/ 이재훈 옮김

- 성숙과정과 촉진적 환경 D. W. Winnicott 지음 / 이재훈 옮김
- 소아의학을 거쳐 정신분석학으로 D. W. Winnicott 지음 / 이재훈 옮김
- 울타리와 공간 D. Wallbridge & M. Davis 지음 / 이재훈 옮김
- 100% 위니캇 Anne Lefvere 지음/ 김유빈 옮김

클라인의 정신분석이론

- 멜라니 클라인 Hanna Segal 지음 / 이재훈 옮김
- 임상적 클라인 R. D. Hinshelwood 지음 / 이재훈 옮김
- 애도 Susan Kavaler-Adler 지음 / 이재훈 옮김

페어베언의 정신분석이론

- 성격에 관한 정신분석학적 연구 Ronald Fairbairn 지음 / 이재훈 옮김

코헛의 정신분석이론

- 자기의 분석 Heinz Kohut 지음 / 이재훈 옮김
- 자기의 회복 Heinz Kohut 지음 / 이재훈 옮김
- 정신분석은 어떻게 치료하는가? Heinz Kohut 지음/ 이재훈 옮김
- 하인즈 코헛과 자기심리학 Allen M. Siegel 지음 / 권명수 옮김
- 하인즈 코헛의 자기심리학 이야기 1 / 홍이화 지음

컨버그의 정신분석이론

- 내면세계와 외부현실 Otto Kernberg 지음 / 이재훈 옮김
- 대상관계 이론과 임상적 정신분석 Otto Kernberg 지음 / 이재훈 옮김

- 인격장애와 성도착에서의 공격성 Otto Kernberg 지음 / 이재훈 · 박동원 옮김

융의정신분석이론

- C.G. 융 Elie Humbert 지음 / 김유빈옮김
- C.G. 융과 후기 융학파 Andrew Samuels 지음/ 김성민 옮김

모던정신분석이론

- 정신분열증치료와모던정신분석 Hyman Spotnitz 지음 / 이준호옮김

크리스토퍼볼라스의저서

- 끝없는 질문 Christopher Bollas 지음 / 이재훈 옮김
- 대상의 그림자 Christopher Bollas 지음 / 이재훈 외
- 환기적 대상 세계 Christopher Bollas 지음 / 이재훈 옮김

마이클아이건의저서

- 감정이 중요해 Michael Eigen 지음 / 이재훈 옮김
- 깊이와의 접촉 Michael Eigen 지음 / 이재훈 옮김
- 독이 든 양분 Michael Eigen 지음 /이재훈 옮김
- 무의식으로부터의 불꽃 Michael Eigen 지음 / 이준호 옮김
- 신앙과 변형 Michael Eigen 지음 / 이재훈 옮김
- 심연의 화염 Michael Eigen 지음 / 이재훈 옮김
- 정신증의 핵 Michael Eigen 지음 / 이재훈 옮김

자폐치료관련

- 살아있는 동반자 Anne Alvalez 지음/ 이재훈 외 옮김
- 상상을 위한틀 Judith Mitrani 지음 / 이재훈옮김
- 아동 자폐증과 정신분석 Roger Perrson & Denys Ribas 지음 /권정아 · 안석 옮김
- 아스퍼거 아동으로 산다는 것은? Alenka Klemenc 외 지음 /이재훈 옮김
- 자폐아동을 위한 심리치료 Frances Tustin 지음 / 이재훈 외 옮김
- 자폐아동의부모를 위한 101개의 도움말 A.Miller & T. Smith 지음 /최주언 옮김
- 자폐적 변형 Celia Fix Korbivcher 지음 /이재훈 · 최윤숙 옮김

유아/어린이심리치료

- 아기에게 말하기 Myriam Szejer 지음 / 김유진 · 이재훈 옮김
- 유아의 심리적 탄생 M. Mahler & F. Pine 지음/ 이재훈 옮김

- 스토리텔링을 통한 어린이 심리치료 세트 (가이드북+동화책, 총 19권) Margot Sunderland 지음/ 이재훈 외 옮김

\- 감정을 억누르는 아동을 도우려면 (감정을 숨기는찬이)
\- 강박증에 시달리는아동을 도우려면 (너무 반듯한죠)
\- 그리움 속에 사는 아동을 도우려면 (달님을 사랑한 프록이)
\- 꿈과 희망을 잃은아동을 도우려면 (꿈을 이룬콩이)
\- 두려움이 많은 아동을 도우려면 (세상이 너무무서운티니위니)
\- 마음이 굳어진 아동을 도우려면 (꼬마 깡패 아롬이)

- 분노와 증오에 사로잡힌 아동을 도우려면 (친절을 미워한 헤이티)
- 상실을 경험한 아동을 도우려면 (바다가 사라진 날)
- 자존감이 낮은 아동을 도우려면 (쓰레기통 속으로들어간진주)
- 스토리텔링을통한어린이심리치료(전체가이드북- 1권)

심 리 학 / 정 신 의 학

- 난 멀쩡해 도움 따윈 필요 없어! Xavier Amador 지음 / 최주언 옮김

정 신 분 석 과 기 독 교

- 그리스도인의 원형 Edward F. Edinger 지음 / 이재훈 옮김
- 목회와 성 G. L. Rediger 지음 / 유희동 옮김
- 살아계신 하나님과 우리의 살아있는 정신
  A. Ulanov & A.Dueck 지음 / 김병오 옮김
- 살아있는 신의 탄생 Ana-Maria Rizzuto 지음 / 이재훈 옮김
- 살아있는 인간문서 Charles Gerkin 지음/ 안석모 옮김
- 성서와 정신 E. Edinger 지음 / 이재훈 옮김
- 신경증의 치료와 기독교 신앙 A. Lechler 지음 / 김성민 옮김
- 신데렐라와 그 자매들 Ann & Barry Ulanov 지음 / 이재훈 옮김
- 신학과 목회상담 Debohra Hunsinger 지음 / 이재훈 · 신현복 옮김
- 외상, 심리치료 그리고 목회신학 / 김정선 지음
- 영성과 심리치료 Ann Belford Ulanov 지음 / 이재훈 옮김
- 융의 심리학과 기독교 영성 Erna van de Winckel 지음 / 김성민 옮김
- 인간의 관계 경험과 하나님 경험 Michael St. Clair 지음 / 이재훈 옮김
- 인간의 욕망과 기독교 복음 Francoise Dolto 지음/ 김성민 옮김
- 전환기의 종교와 심리학 James Johns 지음 / 이재훈 옮김

- 정신분석과 기독교 신앙 Francoise Dolto 지음 / 김성민 옮김
- 종교와 무의식 Ann & Barry Ulanov 지음 / 이재훈 옮김
- 치유의 상상력 Ann Belford Ulanov지음 / 이재훈 옮김
- 희망의 목회상담 Andrew Lester 지음 / 신현복 옮김
- 현대정신분석학과 종교 James Jones 지음 / 유영권 옮김

정 신 분 석 아 카 데 미 시 리 즈

- 성애적 사랑에서 나타나는 자기애와 대상애 – 영화 '피아노'분석을 중심으로 / 문현아 지음
- 싸이코패스는 누구인가? – 영화 '케빈에 대하여'를 중심으로 / 박문현 지음
- 영조, 사조세자, 정조 그들은 왜? – 임오화변에 대한 정신분석학적 고찰 / 서정미 지음
- 정신분석에서의 종결 – 이론적 고찰 / 윤종민 지음

도서 2

출간 예정 도서

정신분석 기법과 이론 **전이 담기**

쥬디스 L. 미트라니 (Judith L. Mitrani)

미국 L.A. NCP 정신분석연구소 슈퍼바이저
IPA 정신분석가,
Francis Tustin 기념학술지 편집자,
「A Framework for the Imaginary
(상상을 위한 틀)」 저술

한국심리치료연구소 (2017. 5) / 2 만원

정신분석 아카데미 시리즈 7

자폐적 대상에 대한
정신분석적 연구

발행일 2017년 6월 1일

지은이 이경숙
펴낸이 이재훈
펴낸곳 한국심리치료연구소

주소 서울시 종로구 새문안로5가길 28,
(적선동, 광화문플래티넘) 918호
전화 02) 730-2537~8
팩스 02) 730-2539
홈페이지 www.kicp.co.kr
E-mail kicp21@naver.com

등록 제22-1005호(1996년 5월 13일)

정가 7,500원
ISBN 978-89-97465-32-3 93180

이 도서의 국립중앙도서관 출판시도서목록(cip)은 홈페이지
(http://www.nl.go.kr/cip.php)에서 이용하실 수 있습니다.
(제어번호: 2017012160)